Monika Graff

Original schwäbisch Backen

Impressum

ISBN 978-3-7750-0574-6

4 3 2 1 | 2013 2012 2011 2010

© 2010 Walter Hädecke Verlag, Weil der Stadt
www.haedecke-verlag.de

Alle Rechte vorbehalten, insbesondere die der Übersetzung, der Übertragung durch Bild- und Tonträger, der Speicherung und Verbreitung in Datensystemen, der Fotokopie oder Reproduktion durch andere Vervielfältigungssysteme, des Vortrags und der fotomechanischen Wiedergabe. Nachdruck, auch auszugsweise, nur mit Genehmigung des Verlags.

Redaktionsmitarbeit: Regina Lilienfein
Lektorat: Eberhard Rapp

Foodfotos & Schritt-für-Schritt-Aufnahmen und soweit nicht anders vermerkt: Chris Meier, BFF, Stuttgart
Foto Seite 199: Walter Pfisterer, Stuttgart
Fotos auf den Seiten 5 oben, 8 oben rechts, 8 unten, 13 bis 19 und 225: Julia Graff, Stuttgart
Fotos www.iStockphoto.com: S. 8 © gerenme, S. 86 © Don Bayley, S. 112 © felinda, S. 120 © Agata Malchrowicz, S. 134 / 135 © Milacroft
Illustrationen: S. 3 und Kapitelaufmacher: redmillion, Web Design Galway, Irland / Kolumnentitel: iStockphoto.com © GARY GODBY

Gestaltung und Satz: Julia Graff, Design & Produktion, Stuttgart
Gesetzt aus der Anivers und der Calluna von Jos Buivenga / exljbris

Reproduktion: LUP AG, Köln
Druck: Offizin Andersen Nexö Leipzig GmbH, Zwenkau

Abkürzungen & Maßeinheiten

g – Gramm	P. – Päckchen	Std. – Stunde
kg – Kilogramm	ml – Milliliter = 0,001 Liter	TK – Tiefkühlware
Msp. – Messerspitze	cl – Zentiliter = 0,01 l	⌀ – Durchmesser
TL – Teelöffel	l – Liter	
EL – Esslöffel	Min. – Minute(n)	

„Laßt uns nach Schwaben entfliehn!… Man bäckt im Lande das Brot mit Butter und Eiern."

Johann Wolfgang v. Goethe
in „Reineke Fuchs"

Inhaltsverzeichnis

TIPPS

Backtipps von A bis Z 6
Backzutaten von A bis Z 13

GRUNDREZEPTE

Teige 20
Cremes & Glasuren 34

REZEPTE

Brote, Weckle & Brezeln 40
Pikante Kuchen und Pasteten 62
Hefekuchen und Gugelhopf – Kuchen zum Kaffee 78
Blechkuchen 90
Obst- und Käsekuchen 102
Torten 124
Süße Stückle 142
Pfitzauf & Co. 154
Fettgebackenes 162
Brödle & Weihnachtsgutsle 174
Gebäck zu Festtagen im Jahreslauf 200

ANHANG

Rezeptverzeichnis 224
Stichwortverzeichnis 226
Literaturverzeichnis 227
Quellennachweis 227
Danksagung 228

Backtipps von A bis Z

Abkühlen

Fertig gebackene Kuchen erst einige Minuten in der Form „schwitzen" lassen und dann vorsichtig auf ein Kuchengitter stürzen und auskühlen lassen. Nie in der Backform abkühlen lassen, da der Kuchen sonst kleben bleibt. Kleingebäck nach dem Backen auf ein Kuchengitter legen und je nach Fertigstellung nur leicht abkühlen lassen und z. B. mit Konfitüre (Gsälz) füllen und zusammensetzen oder komplett auskühlen lassen und dann glasieren und verzieren.

Aluminiumfolie

Ein ideales Hilfsmittel zum Backen für zahlreiche Arbeitserleichterungen:

* Kleinere Teigmengen können auf großen Backblechen gebacken werden, ohne breit zu laufen, wenn man Aluminiumfolie zu einem Rand faltet.
* Gebäck, z. B. Stollen, wird von unten weniger dunkel, wenn es mit Folie unterlegt ist. Außerdem behält es besser seine Form, wenn die Folie seitlich hochgeschlagen wird.
* Ein zu starkes Bräunen des Gebäcks von oben wird verhindert, wenn es nach einer gewissen Backzeit mit Folie abgedeckt wird.
* Kuchen können zum Frischhalten in Aluminiumfolie eingeschlagen werden. Gewürzkuchen entfaltet z. B. sein volles Aroma erst, wenn er über Nacht im Kühlschrank, in Folie gepackt, aufbewahrt wird.
* Einfache Backförmchen für Kleingebäck lassen sich leicht aus Alufolie herstellen, indem man Alufolienabschnitte über Gläser oder einen Flaschenhals stülpt.

Aufbewahren

Gutsle und Brödle in Blechdosen oder gut schließenden Glasbehältern aufbewahren. So halten sie sich gut gekühlt (z. B. im Keller) einige Wochen frisch. Ist Gebäck in der Dose hart geworden, für einige Tage bei Zimmertemperatur offen lagern. Oder einen Apfelschnitz bzw. ein Stück Orangenschale mit in die Dose geben. Baiser und Makronen luftdicht und trocken verpacken, sonst werden sie weich. Springerle und Honigkuchen, die nach dem Backen hart sind, offen lagern – durch die Luftfeuchtigkeit werden sie weich. Obstkuchen und Rührkuchen in Folie verpacken und kühl aufbewahren – rasch essen. Torten halten sich mit Tortenhaube max. 2 Tage im Kühlschrank. Stollen und Hutzelbrot entwickeln ihren Geschmack erst durch längeres Lagern (gut in Pergamentpapier oder Folie einschlagen). Generell: Gebäck mit hohem Mehlanteil wird schnell trocken. Länger frisch bleiben fett- und eierreiche Backwaren.

Ausrollen/Auswellen

Teige kleben nicht an und brechen nicht, wenn sie auf Mehl bzw. Zucker, gemahlenen Mandeln oder zwischen Klarsichtfolie ausgerollt werden. Mürbeteig und feiner Knetteig, die besonders empfindlich sind, können auch zwischen zwei Bogen Backpapier ausgerollt werden. Wenn der untere Bogen vorher gefettet wird, kann er mit dem Teig auf das Backblech gelegt werden.

Manchmal empfiehlt es sich, einen Teig erst im Backblech fertig auszurollen. Hierfür eignet sich am besten ein kleines Wellholz.

Backautomatik

In Backöfen mit Abschaltautomatik und Temperaturregler können viele Kuchen automatisch gebacken werden. Bitte beachten Sie, dass die Backzeiten kürzer eingestellt werden müssen (7–10 Min.) als im Rezept angegeben, da die Nachwärme des Backofens noch voll wirksam wird.

Backen mit Vollkorn

Backen mit vollem Korn hat viele Vorteile, das Getreide kann aus biologischem Anbau bezogen werden, die gut gereinigten, sauberen Körner werden kontrolliert. Das Mehl kann nach Bedarf frisch gemahlen bzw. geschrotet werden. Vollkornmehl bzw. -schrot enthält keine Konservierungsstoffe; deshalb sollten keine allzu großen Mengen vorbereitet werden.

Gebäck, das aus Vollkorn hergestellt wird, sättigt besser, schmeckt ausdrucksvoller, ist ballaststoffreich und enthält viele Vitamine und Mineralstoffe. Zum Süßen des Vollkorngebäcks bieten sich an: Honig, Rohzucker (das ist naturbelassener Rohr- oder Rübenzucker), Ahorn- und Rübensirup und kleingeschnittene Trockenfrüchte. Vollkornmehl bzw. -schrot hat einen hohen Ausmahlungsgrad. Je höher der Ausmahlungsgrad ist, desto mehr mineralstoffreiche Schichten des Korns enthält das Mehl. Das Mehl ist dunkler, die Typenzahl höher (siehe bei den einzelnen Rezepten). Es gibt eine Vielzahl an unterschiedlichen Getreidemühlen und oft auch Zusatzgeräte zu Küchenmaschinen.

Tipps zum Backen mit Vollkorn

- Das Korn darf nicht zu frisch sein;
- es muss trocken und sauber sein;
- das Mehl möglichst frisch mahlen;
- feiner gemahlenes Mehl kann besser quellen als Schrot;
- Vollkornteige benötigen etwa 1/3 mehr Flüssigkeit als Teige mit Weizenmehl Type 405;
- Vollkornteige brauchen Zeit zum Gehen und zum Quellen;
- Vollkornteige sollten eher weich sein, sonst wird das Backergebnis zu hart – falls sich der Teig nicht formen lässt, die Masse in einer Kastenform backen;
- beim Backvorgang eine Tasse mit Wasser in den Backofen stellen.
- Vollkorngebäck lässt sich sehr gut einfrieren.
- Brot und Weckle können mit Nüssen, Samen wie Sesam oder Mohn sowie mit gehackten Zwiebeln und Kräutern angereichert werden.

Siehe auch Seite 43.

Backformen und Zubehör

- 1–2 Backbleche für Blechkuchen; es gibt auch Vario-Backbleche, die sich verkleinern oder vergrößern lassen;
- Springform mit verschiedenen Einsätzen, Ø ca. 24, 26 und 28 cm;
- Gugelhopfform;
- Obstkuchenform (Springblech), Ø 28–30 cm;
- Kranzform, Ø 26 cm;
- evtl. Zwiebelkuchen- oder Quiche-Form, Ø 28 cm;
- 1–2 Kastenformen, z. B. Königskuchenform, Länge 25 bzw. 30 cm;
- evtl. Brotbackform aus Hartkeramik (auch für Stollen geeignet);
- Sonderform für Torten (z. B. Herz oder Kleeblatt);
- Quadratische Backformen, in denen alle Rezepte für Springformen von 26 bzw. 28 cm Ø gebacken werden können;
- Ausstechförmchen, Holzmodel;
- Waage (evtl. zum Zuwiegen), Messbecher;
- Backbrett, große Teigschüssel;
- Küchenmaschine oder elektrisches Handrührgerät (auch Zusatzgerät);

- 1 großes und 1 kleines Schüttelsieb für Mehl und Puderzucker;
- 1 großes und 1 kleines Wellholz (Rollholz, Teigrolle);
- Teigrädchen (Teigradler), Teigschaber, Backpinsel
- Alufolie, Back(trenn)papier;
- Spritzsack (Spritzbeutel), Schablonen (z. B. für Weihnachtsgebäck);
- Zitronenpresse und -reibe;
- Wasserbadtopf (für Glasuren und Kuvertüre);
- Kuchenpalette (zum Abheben des Kuchens);
- Kuchengitter, Topflappen;
- Kuchenplatten (rund und rechteckig);
- Tortenhaube.

Diese Auswahl an Geräten und Geschirr kann je nach Vorliebe erweitert oder verkleinert werden. Ebenso ist die Haushaltsgröße bei der Auswahl entscheidend.

Backofen

Jeder Backofen bäckt anders! Deshalb können die Temperatur- und Zeitangaben nur Circawerte sein. Auch innerhalb der Temperatureinstellungen des Backofens können Schwankungen auftreten.

Back(trenn)papier

Erleichtert das Backen und lässt sich ähnlich wie Aluminiumfolie oder gefettetes Pergamentpapier verwenden. Es verrutscht nicht, wenn das Back-

blech leicht eingefettet wird. Dünner Teig, der leicht reißt, kann auf Backtrennpapier ausgewellt werden und mit dem Papier auf das Blech gelegt werden.

Blindbacken

Backen ohne Belag. Den Teig für Kuchen oder Torteletts in gefettete Formen legen bzw. in Förmchen drücken, ein passendes Stück Pergamentpapier hineinlegen und darauf getrocknete Erbsen oder Linsen füllen, die mitgebacken werden (bei beschichteten Förmchen entfällt das Einfetten). Das Blindbacken verhindert z. B. bei einem Obstkuchen, dass der Belag den Boden durchnässt und dass Torteletts zu stark ausbacken und der Rand in sich zusammenrutscht. Nach dem Backen Pergamentpapier mit den Hülsenfrüchten sofort herausnehmen. Sie können mehrere Male zum Blindbacken verwendet werden.

Einfetten

Bleche und Formen kurz erwärmen und dann mit Butter oder Margarine oder Öl einfetten. Eventuell mit Mehl oder Semmelbröseln ausstreuen, damit sich der Kuchen nach dem Backen leichter löst (z. B. bei Biskuit). Zuckerreiche Teige werden in einer leicht mit Mehl ausgestäubten Form gebacken. Für Blätterteig wird das Backblech in der Regel nicht gefettet, sondern mit kaltem Wasser abgespült und noch feucht mit dem Teig belegt.
Bei beschichteten Formen entfällt das Einfetten.

Einfrieren

Jedes Gebäck – außer Brandteiggebäck – kann eingefroren werden. Portionen können in Aluminiumfolie eingeschlagen oder in Plastikformen gegeben werden. Das Einfrierdatum bei der Beschriftung nicht vergessen. Die Lagerfähigkeit beträgt ungefähr

* 2 Monate für Rührteig und gefüllte Biskuittorten;
* 3 Monate für Hefeteig und Schmalzgebäck;
* 4 Monate für Blätterteig;
* 5 Monate für Hefekuchen, Brote, Brötchen und Rührkuchen;
* 6 Monate für ungefülltes Biskuitgebäck.
* Damit das Gebäck nach dem Auftauen schön frisch ist, soll es unmittelbar nach dem Backen – beinahe noch lauwarm – eingefroren werden.

Einschubhöhe

Die richtige Einschubhöhe ist einer der Hauptfaktoren für das Gelingen des Gebäcks. Die Herde haben meistens drei oder vier Schubleisten. Die Formen sollten stets auf den Backrost, nie auf das Backblech gestellt werden, da die Unterhitze sonst zu stark abgedämmt wird.

* Untere Schiene (bei vier Schienen die zweite von unten): hohes und halbhohes Gebäck in Spring- und Kastenformen, Gugelhopf und Stollen.
* Mittlere Schiene: flaches Gebäck und Kleingebäck.
* Siehe auch Hinweise bei den einzelnen Rezepten.

Energie

Auch beim Backen kann Energie gespart werden: ca. 5 Min. vor Ende der Backzeit (bei Backzeiten von über 60 Min. ca. 10 Min. vor Ende der Backzeit) die Wärmezufuhr abstellen und die restliche Speicherwärme ausnützen.

Frisch halten

Kuchen lassen sich, in Aluminiumfolie eingeschlagen, einige Tage im Kühlschrank frisch halten. Kleingebäck wird nach Sorten getrennt in gut schließenden Gläsern, Kunststoffbehältern oder Blechdosen aufbewahrt. Siehe auch „Aufbewahren" und „Einfrieren".

Garprobe/Stäbchenprobe

Hierfür wird nach Ende der angegebenen Backzeit ein Holzstäbchen in die Mitte des Gebäcks gesteckt. Wenn kein Teig mehr am Stäbchen hängen bleibt, ist das Gebäck gar. Andernfalls die Backzeit um 5–10 Min. verlängern. Nicht schon nach kurzer Backzeit den Backofen öffnen, um die Garprobe zu machen. Das Gebäck fällt dann garantiert zusammen und wird innen speckig.

Tipp
Wird das Backblech mit Mehl bestäubt, verrät das sich bräunende Mehl durch seinen Kuchenduft, wenn die Backzeit zu Ende ist.

Glasieren

Das Überziehen von Gebäck mit zuckrigen, gelegentlich auch fettreichen Massen, nennt man Glasieren. Auch das Einlegen von Früchten (z. B. Belegfrüchte) in Zuckerlösung nennt man so.

Glasur

Puderzucker, auch Läuterzucker (siehe Seite 39), ist der wichtigste Bestandteil einer Glasur. Eiweißglasur kann als einzige Überzugsmasse mitgebacken werden. Glasuren, die warm angerührt und auf das noch warme Gebäck gebracht werden, haben einen schöneren Glanz. Glasuren, die nicht richtig decken, können mit einem Eiweiß angereichert und noch einmal gut verrührt werden.
Etwas flüssiges Kokosfett (bei gekochten oder mit heißem Wasser hergestellten Glasuren) verleiht ihnen einen besonders schönen Glanz.
Vor dem Glasieren werden anhaftende Brösel mit einem Pinsel entfernt. Poröse Oberflächen werden zunächst mit einer glatt gerührten Konfitüre (Gsälz) bestrichen. Das verhindert das Einsickern der nachfolgenden Glasur.

Tipp
Immer nur kleine Mengen anrühren, da Glasuren schnell austrocknen (siehe auch Seite 37 f.).

Guss

Wird über einen gefüllten Kuchen oder einen Belag gegossen und mitgebacken. Der Boden sollte evtl. vorgebacken oder mit Semmelbröseln u.ä. bestreut werden, damit er nicht pappig wird. Guss ist meist eine Masse aus Mehl/Speisestärke, Eiern, Milch oder Rahm (süß oder sauer), die süß oder pikant abgeschmeckt ist (siehe einzelne Rezepte).
Guss ist aber auch ein Überzug, ähnlich der Glasur, nur dickflüssiger oder ein Tortenguss für Obstkuchen.

Resteverwertung

Ist trockenes Gebäck wie Teekuchen, Plätzchen, Biskuit übrig geblieben, so empfiehlt es sich, daraus Brösel zu machen, die man zum Ausstreuen der Kuchenform oder unter Obstkuchenbelag verwenden kann.

Rühren

Stets in derselben Richtung rühren! Am einfachsten geht es mit dem elektrischen Handrührgerät. Bei einigen Rezepten dieses Buches sind Handrührzeiten und die Zeit mit einem elektrischen Handrührgerät angegeben.

Schlagen

Teig mit Hilfe eines Kochlöffels kräftig durcharbeiten, bis er Blasen zeigt – z. B. für Nonnefürzle, Seite 170, oder Fasnetsküchle, Seite 210.

Schwaden geben

Vor dem Einschieben des Backwerks im Backofen Dampf erzeugen. Dazu 1 Tasse Wasser auf den heißen Backofenboden schütten. Oder – ergibt weniger Dampf – eine feuerfeste Form mit Wasser gefüllt während des Backvorgangs auf den Backofenboden stellen. Vor allem beim Brotbacken und beim Backen mit Vollkorn erforderlich.

Spritzen

Das Spritzen von Teig wird erleichtert, wenn auf das mit Mehl bestäubte Backblech vorher durch Eindruck mit einem Glas z. B. Kreise eingezeichnet werden.

Spritzbeutel selbst herstellen: Von kleinen Plastiktüten die Spitze abschneiden. Das ergibt sehr feine Öffnungen, durch die man fast fadenfeine Glasuren spritzen kann.

Oder aus Pergamentpapier eine Spritztüte formen: Ein Dreieck schneiden. Der Punkt, welcher der Dreieckspitze gegenüberliegt, bildet die Tütenspitze. Das Dreieck zur Tüte falten, indem man das Papier fest um zwei Finger wickelt. Zuletzt das Papierende einschlagen und festkniffen. Das gibt der Tüte den Halt. Anschließend die Glasur einfüllen und die Tüte verschließen. Mit einer Schere unten eine kleine Spitze abschneiden.

Temperaturen im Elektro-, Umluft- und Gasherd*

Elektroherd	Umluftherd	Gasherd	Temperatur	Gebäck
50 °C			Warmhaltetemperatur	Hefeteig gehen lassen
ca. 100–150 °C	ca. 120 °C	Stufe 1	Trocknungstemperatur	Baiser (Meringuen) trocknen
ca. 175 °C	ca. 135 °C	Stufe 2	schwache Backhitze	Makronen, Rührkuchen, Biskuit, Lebkuchen, Früchtebrot
ca. 200 °C	ca. 170 °C	Stufe 3	mittlere Backhitze	Rührkuchen, Biskuit, Biskuittorten, Käsekuchen, Mürbeteig-Obstkuchen, Bröselteig, Brandteig, Hefegebäck (Hefekleingebäck), Strudel, Stollen, Früchtebrot, süße Stückle, Kleingebäck, Lebkuchen, Brot
ca. 225 °C	ca. 200 °C	Stufe 4	höhere Backhitze	Biskuit, Brandteig, Blätterteig, Hefegebäck, Strudel, Stollen, Brot, Brötchen, pikante Kuchen
ca. 225–250 °C	ca. 220 °C	Stufe 5	starke Backhitze	Blätterteig, Quarkblätterteig, Laugenbrezeln

* Diese Tabelle kann nur Annäherungs-Werte vermitteln, bitte die Hersteller-Angaben Ihres Herdes beachten.

Stürzen

Kuchen nach dem Backen kurz in der Form stehen lassen, dann mit einem Messer am Formenrand vorsichtig lösen und auf ein Kuchengitter stürzen. Evtl. ein leicht feuchtes Küchentuch über die Form legen.

Tortenboden

Informationen ab Seite 126.

Touren

Blätterteig oder Plunderteig werden nach dem Kneten mehrmals ausgewellt und nach einem bestimmten Prinzip zusammengefaltet. Zwischendurch immer wieder kühlen. Das „Touren" bewirkt die Schichten- bzw. Blätterbildung des Teiges (siehe Seite 32 f.).

Verzierungen

Eine gute Hilfe sind Schablonen aus Papier (z. B. ein Herz oder eine Jahreszahl oder einfache Karos oder Streifen), die auf das Gebäckstück gelegt werden. Dann wird es mit Puderzucker überstäubt, die Schablone wird entfernt, und das Muster zeigt sich auf dem dunklen Untergrund.
Andere Verzierungen erhält man durch verschiedenfarbige Glasuren, die aufgestrichen oder gespritzt werden (vgl. „Glasuren" und „Spritzen").

Vorheizen

Der für das Backen wesentliche Unterschied zwischen Gas- und Elektroherden ist, dass der Elektroherd vorgeheizt werden muss, da sich die Glühwärme erst langsam entwickelt. Beim Gasherd entfällt das Vorheizen, da die Flamme sofort in der gewünschten Stärke brennt und heizt. Bei Umluftherden entfällt ebenfalls das Vorheizen. Es kann zugleich auf mehreren Ebenen gebacken werden, wobei das Gebäck mit der längsten Garzeit auf der untersten Schiene, das mit der kürzesten Garzeit auf der obersten Schiene eingesetzt wird. Beim Einschieben in den kalten Backofen erhöht sich die Gardauer um ca. 5–20 Min.; sie hängt von der Größe des Gebäcks ab.

Zubehör

In kleinen Haushalten (1–2 Personen) haben sich statt eines Backofens auch ein Mini-Backofen oder der elektrische Tischgrill hervorragend bewährt. In ihm lassen sich Kuchen, Kleingebäck, Brot, Brötchen und auch Toast sowie pikante Kuchen sehr gut backen (die Anleitungen des Herstellers bitte beachten).

Backzutaten von A-Z

Anis
ist die getrocknete Spaltfrucht der Anispflanze mit einem stark süßlich-würzigen Aroma. Gemahlenen Anis rasch verbrauchen.

Backaroma
gibt es in verschiedenen Geschmacksrichtungen (z. B. Vanille, Bittermandel u. a.). Einige Tropfen unterstreichen den Geschmack des jeweiligen Gebäcks. Sparsam verwenden! Besser sind natürliche Backaromen wie Vanillemark oder abgeriebene Zitronenschale (von Bio- oder Naturzitronen).

Backoblaten
sind rechteckige oder runde (es gibt verschiedene Größen) Platten, die aus ungesäuertem Mehlteig ohne Zusatz eines Treibmittels hergestellt werden. Sie sind Unterlage z. B. für Makronen, Marzipangebäck oder auch Leb- und Honigkuchen. Oblaten werden stets auf das ungefettete Blech gelegt.

Backöl
ist die natürliche Variante zu Backaroma (s. d.).

Butter
wird vor der Verarbeitung leicht erwärmt, so dass sie weich, aber nicht flüssig ist (Ausnahme Mürbeteig). Dann lässt sie sich am besten schaumig rühren.
Für Mürbe- oder Hackteig eignet sich besser harte Butter (alternativ Margarine, s. d.). Mit frischer Butter gebackene Kuchen oder Kleingebäck schmecken unvergleichlich gut.

Datteln
werden frisch oder getrocknet verkauft. Sparsam verwenden, da sie sehr süß sind. Am besten schmecken die Trockendatteln, die am Stiel verkauft werden. Man kann Datteln auch als Alternative für Zucker verwenden, wenn sie in Wasser eingeweicht und anschließend püriert dem Teig zugegeben werden.

Eier
Stets frische Eier zum Backen verwenden! Die Eier der Güteklasse A sind nicht gekühlt, auf der Packung ist das Datum der Packwoche vermerkt. Ein frisches Ei hat nur eine kleine Luftkammer – das kann man beim Halten gegen ein starkes Licht erkennen. In den Rezepten sind mittelgroße Eier (ca. 55–65 g) angegeben. Hat man nur kleine oder sehr große Eier zur Verfügung, erhöht oder verringert sich die Stückzahl. Eier stets einzeln über einer Tasse aufschlagen (oder einen Eierteiler verwenden) und dann erst zum Teig geben. Ein schlechtes Ei kann dann nicht den ganzen Teig verderben.
Werden die Eier nacheinander zur Teigmasse gegeben, wird das Backergebnis besonders locker. Eigelb / verquirltes Ei zum Bestreichen eines Gebäckstücks ergibt eine goldgelbe Farbe und Glanz.

Eischnee
muss zum Backen sehr steif geschlagen werden. Beim Trennen des Eis darauf achten, dass kein Eigelb in das Eiweiß gerät. Eiweiß stets in einem völlig fettfreien Behälter schlagen! Konditoren schlagen das Eiweiß von Hand in einer halbrunden Kupferschüssel (Kessel) mit einem Schneebesen. So kommt genügend Luft unter die Masse. Beim Schlagen mit dem Handrührgerät kann es passieren, dass das Eiweiß zu

stark geschlagen wird und deshalb wieder zusammenfällt. Es empfiehlt sich für den Hausgebrauch, in einer Rührschüssel das Eiweiß mit dem elektrischen Handrührgerät so lange vorzuschlagen, bis es schaumig ist. Evtl. 1 Prise Salz oder Zucker zugeben (siehe Rezepte). Dann mit dem großen Schneebesen von Hand weiterschlagen, bis der Eischnee in Spitzen stehen bleibt. Fertigen Eischnee nur sacht unterziehen, nie einrühren.

Kommt Zucker zum Eischnee, so wird dieser löffelweise unter stetem Schlagen untergerührt. Wenn der gesamte Zucker eingerührt ist, muss der Eischnee glänzen und schnittfest sein.

4 mittelgroße Eier ergeben etwa 110–120 g Eiweiß (von Eiern von 55–65 g).

Eiweiß wird auch als Kleber für Teigplatten, Halbmonde u.a. verwendet.

Farinzucker

Bei der Raffination von Zucker fällt gelbbrauner, nicht ganz so süßer Zucker an, der fein wie Mehl ist. Daher der Name: Farin kommt von „farine" (franz. = Mehl). Farinzucker eignet sich für alle Gebäckarten, die etwas braun aussehen dürfen wie z.B. Lebkuchen.

Feigen

Getrocknete Feigen bereichern die Weihnachtsbäckerei.
Hochwertige Feigen kommen aus der Türkei; sie haben eine dünne Haut, sind weich und saftig und frei von Verunreinigungen. Reifere Feigen haben eine dunklere Färbung und schmecken süßer.

Fenchel

Diese Doldenblütenpflanze, deren Früchte das ätherische Fenchelöl enthalten, bereichert die Weihnachtsbäckerei und gibt Brot einen besonderen Geschmack.

Fett

Gebräuchliche Fette für die Bäckerei sind Butter, Margarine, Öl und Schmalz. Für das Backen von Dauerbackwaren (Kuchen oder Gutsle/Brödle, Plätzchen) empfiehlt es sich, kein Pflanzenfett zu verwenden. Als Alternative bieten sich Butter, Butterschmalz oder frisches Schweineschmalz an. Teige mit hohem Fettanteil gelingen besser mit Backpulver. Bei fettreichen Hefeteigen muss in jedem Fall ein Vorteig (Dämpfle) angesetzt werden; diese Teige benötigen auch längere Zeit zum Gehen! Fett macht ein Gebäck mürbe, saftig und elastisch.

Flüssigkeit

Die Menge von Wasser oder Milch, die z.B. für Hefeteig gebraucht wird, hängt von der Beschaffenheit des Mehles ab (Wetter, Boden, Ernte, Frische).

Gewürze

Gewürze stets einzeln verpackt, licht- und luftundurchlässig aufbewahren (am besten in dunklen Gläsern). Angebrochene Packungen rasch verbrauchen, da sich das Aroma schnell verflüchtigt. Gemahlene Gewürze verlieren ihr Aroma – die ätherischen Öle verflüchtigen sich. Bitte beachten: Viele Gewürze entfalten erst beim Backen oder/und Lagern des Gebäcks ihr volles Aroma! Siehe z.B. Stollen, Seite 216, Hutzelbrot, Seite 218 oder Honiglebkuchen, Seite 196.

Haselnusskerne

Kerne, die geschält werden sollen, einige Minuten auf dem Backblech im heißen Backofen rösten, auf ein Küchentuch schütten und noch warm zwischen den Händen reiben. Ungeschält zu verwendende Haselnüsse zuerst verlesen und dann in einem trockenen Tuch gut schütteln.

Hefe

Hefe besteht aus Kleinstlebewesen, die wild in der Natur vorkommen. Zum Backen wird speziell gezüchtete Presshefe oder Bäckerhefe verwendet. Sie zählt zu den biologischen Möglichkeiten, einen Teig zu lockern. Ein Würfel frische Presshefe wiegt 42 g und ist – je nach Rezept – ausreichend für 400–500 g oder sogar für 1000 g Weizenmehl. Siehe auch Hefeteig Grundrezept, Seite 22.
Neben der frischen Hefe gibt es die Trockenbackhefe; 1 Päckchen entspricht etwa 25 g Frischhefe. Auf das Verfallsdatum achten, denn die Treibkraft nimmt mit der Zeit ab.

Honig

findet in Lebkuchen, Honigkuchen und in verschiedenem Kleingebäck Verwendung und kann auch in manchen Kuchenrezepten den Zucker ersetzen (siehe jeweilige Rezepte). Möglichst flüssigen Honig ohne starken Eigengeschmack verwenden, z. B. Akazien- oder Blütenhonig.

Kakaopulver

wird aus Kakaobohnen, den Samenkernen der Kakaofrüchte gewonnen. Von der Kakaomasse werden aus der fetthaltigen Kakaobutter Schokolade und Pralinen hergestellt. Gepresste Kakaomasse wird zu Kakaopulver weiter verarbeitet. Es gibt zwei Qualitäten: Schwach entöltes Kakaopulver (mit 20 % Fett) und stark entöltes (mit 10 % Fett).

Kardamom

In den Fruchtkapseln (den besten Geschmack haben zartgrüne Kapseln) befinden sich die getrockneten Samen der Kardamompflanze (ein Ingwergewächs). Kardamom wird ganz oder in Pulverform angeboten. Er wird zu Lebkuchen und Gewürzkuchen genommen und hat einen intensiv würzigen Geschmack, leicht an Kampfer und Zitrone erinnernd.

Kokosflocken

entfalten ihr Aroma besser, wenn sie vor dem Backen in einer beschichteten Pfanne ohne Fett leicht angeröstet werden (siehe auch Seite 176).

Koriander

Die getrockneten Spaltfrüchte der Korianderpflanze werden ganz oder gemahlen verwendet und geben u. a. Lebkuchen und Brot einen leicht süßlichen, bitter-aromatischen Geschmack.

Krokant

ist eine Masse, die aus karamellisiertem Zucker und mindestens 20 % Haselnüssen bzw. Wal-/Baumnüssen oder Mandeln bestehen muss. Gibt es im Handel meist zerstoßen oder klein gehackt.

Kuvertüre

ist eine besondere Schokoladensorte; sie ist fettreicher, da sie zum Überziehen von Gebäck geschmeidig sein muss. Die Kuvertüre zunächst in Stückchen brechen oder schneiden und erst eine kleine Menge im Wasserbad schmelzen (siehe Seite 39). Dann den Rest zugeben. Wichtig: die Kuvertüre darf nicht kochen! Die geschmolzene Kuvertüre aus dem Wasserbad nehmen, bis zum Erstarren abkühlen lassen, dann erneut erwärmen, bis sie weich wird. Mit dem Finger prüfen, ob die Temperatur richtig ist: etwas Kuvertüre mit dem Finger an den Mund führen – fühlt es sich weder heiß noch kalt an, ist die Masse richtig temperiert.

Mandeln
Süße Mandeln werden nach Größen sortiert angeboten oder gehackt, in Blättchen gehobelt, gesplittert oder gemahlen (teilweise mit und teilweise ohne Haut). Mandeln halten sich gut verpackt ca. zwei Monate, vakuumverpackt noch länger.
Bittermandeln sollten stets frisch zum Aromatisieren verwendet werden.
Mandeln abziehen: Die Mandeln mit kochendem Wasser übergießen und kurz stehen lassen. Dann in ein Sieb umschütten und so heiß wie möglich die Häutchen von Hand entfernen. Dann kalt abbrausen und auf einem Tuch zum Trocknen ausbreiten.

Margarine
wird aus pflanzlichen und tierischen Fetten sowie gehärteten Ölen hergestellt. Dazu kommen Emulgatoren und natürliche Farbstoffe. Es gibt gewaltige Qualitätsunterschiede – zum Backen sollte nur eine hohe Qualität genommen werden. Der Schmelzpunkt bei Margarine liegt etwas höher als bei Butter (28–32 °C). Margarine mit niedrigem Fettgehalt ist nicht zum Backen geeignet. Völlig ungeeignet ist Margarine zum Ausbacken in der Friteuse: Der Siedepunkt liegt zu niedrig, außerdem spritzt und schäumt es.

Mehl
In den Rezepten dieses Buches wird, wenn nicht anders angegeben, Weizenmehl der Type 405 verwendet. Dieses Mehl ist geschmacksneutral, schwach ausgemahlen, d.h. der Gehalt an Vitaminen und Mineralstoffen ist gering. Je höher die Typenzahl, desto reicher an Vitaminen und Mineralien ist ein Mehl und desto dunkler ist es. Die gängigsten Weizenmehle sind: Type 405, 550 und 1050. Roggenmehl: Type 1150 und 1370. Zum Brotbacken wird oft auch Schrot verwendet, der möglichst frisch gemahlen sein sollte (es gibt eine Vielzahl von Mühlen für den Haushalt): Weizenschrot Type 1700 und Roggenschrot Type 1800. Gute Reformhäuser, Bioläden, örtliche Mühlen oder landwirtschaftliche Genossenschaften bieten Mehle und Schrot auch frisch gemahlen an – bitte immer rasch verbrauchen. Das Backergebnis wird bei frisch gemahlenem Vollkornmehl noch feiner, wenn das Mehl für die Teigzubereitung zunächst ausgesiebt und die Kleie ganz zum Schluss untergeknetet bzw. -gerührt wird (siehe auch Seite 7). Weitere Informationen auf den Seiten 184 und 194.

Mutschelmehl
ist ungesalzenes, helles, feines Paniermehl. Es wird aus frisch gebackenem Weißbrot hergestellt, siehe Mutscheltorte, Seite 141.

Nelken
werden ganz oder gemahlen verwendet, ihr Geschmack ist brennend-kräftig und scharf; sie sollten in einem gut verschlossenen Glas aufbewahrt werden, um ihr Aroma nicht zu verlieren.

Nüsse
sind sehr fetthaltig und können leicht ranzig werden. Deshalb immer nur bei Bedarf kaufen. Siehe auch Haselnusskerne, Seite 14.

Öl
Pflanzenöl – besonders geeignet sind Sonnenblumen-, Raps- und Erdnussöl – kann bei Teigen mit 3 Teilen Mehl zu 1 Teil Fett verwendet werden. Hierzu zählen Hefeteige, Rühr- und Brandteige sowie Pfefferkuchenteig.

Öl enthält kein Wasser, deshalb kann man etwa 20 % weniger Menge als Butter oder Margarine nehmen. Zum Ausbacken in der Fritteuse eignet sich hoch erhitzbares Pflanzenöl besonders gut – es ist geschmacksneutraler als Schmalz, das früher häufig zum Ausbacken verwendet wurde.

Orangeat

wird aus der Schale der Bitterorange (Pomeranze) hergestellt, die Gewinnung gleicht der von > Zitronat. Die Farbe ist tief-orange bis bräunlich, der Geschmack bittersüß. Aus der Bitterorange wird auch Marmelade gemacht.

Quark/ Luckeleskäs (Topfen)

Um den Quark möglichst trocken zu verwenden, empfiehlt es sich, ihn auf ein grob gewebtes, gebrühtes Baumwolltuch zu geben und entweder hängend abtropfen zu lassen oder ihn mit der Hand auszudrücken, damit die Molke herausgepresst wird.

Rahm

In Süddeutschland und der angrenzenden Schweiz wird „Sahne" als Rahm bezeichnet. Man spricht von „süßem Rahm" und „Sauerrahm" (entspricht der sauren Sahne). Schlagsahne (Schlagrahm) hat mindestens 28 % Fettgehalt und muss vor dem Schlagen gut gekühlt werden. Wird in der Teigmasse süßer Rahm verwendet, so muss etwas mehr Flüssigkeit zugegeben werden.

Rohmarzipan

gibt es in guter Qualität fertig zu kaufen. Um es formbar und geschmeidig zu machen, empfiehlt es sich, Puderzucker und eventuell Eiweiß unterzukneten (siehe Seite 140).

Rosinen

sind alle Arten von getrockneten Weinbeeren bestimmter Traubensorten. Sie werden reif gepflückt und dann getrocknet. Besonders gute Rosinen trocknen am Weinstock. Es gibt Sultaninen, Korinthen und Traubenrosinen (Zibeben). Sultaninen sind kernlos, fleischig, saftig, großbeerig und verschiedenfarbig. Der Farbton ändert sich je nach Weiterverarbeitung der Frucht. Unbehandelte Sultaninen sind dunkel, geschwefelte sind von brauner bis goldgelber Farbe. Aufbewahrung: kühl, trocken und luftig.
Korinthen kommen aus Griechenland und werden auf Matten an der Sonne getrocknet. Im Schatten getrocknete sind von besonders guter Qualität. Korinthen sind kernlos, schwarzblau oder dunkelviolett und sehr klein. Sie sind stets ungeschwefelt. Aufbewahrung: kühl und luftig, aber nicht zu trocken.
Traubenrosinen sind besonders groß, saftig, dunkelblau mit Kernen und Stielen.
Vor der Verwendung alle Trockenfrüchte heiß waschen und anschließend gut abtrocknen.

Rum

wird aus Zuckerrohr, entweder aus dem Zuckerrohrsaft oder der Melasse, die bei der Zuckergewinnung anfällt, gewonnen. Der frisch destillierte Rum ist farblos, erst bei der Holzfasslagerung bekommt er seine goldbraune Farbe. Der importierte Rum ist hochprozentig; er wird oft auf Trinkstärke verdünnt. Zum Backen eignet sich der 54 %ige Rum am besten.

Safran

Das sind die getrockneten Blütennarben einer Krokusart, die von Hand geerntet werden – daher der hohe Preis. Beste Qualität kommt aus Spanien und dem Iran.

Safran dient vor allem zum Färben von Speisen und Getränken. Er wird als Pulver (da kann er „gestreckt" und verfälscht sein) oder in Fäden (Narben) angeboten. Er muss vor dem Verbrauch in etwas Flüssigkeit aufgelöst werden. Ein alter Spruch sagt: *Safran macht den Kuchen gehl*, d. h. gelb. Vorsicht vor Fälschungen mit Färberdistel!

Salz
Eine geringe Zugabe von Salz rundet den Geschmack ab. Leicht gesalzene Teige halten besser zusammen, z. B. Hefeteig. Eischnee wird mit einer Prise Salz garantiert steif. Dauerbackwaren brauchen in jedem Fall Salz.

Sauerteig
siehe Seite 25.

Schokolade
Zum Backen eignen sich Zartbitter- und Edelbittersorten. Entweder Späne mit einem Messer abschaben oder die Schokolade gekühlt reiben, siehe Seite 135.

Semmelbrösel und Weckmehl
in die gefettete Backform gestreut, verhindern, dass sich der Kuchen am Boden oder Rand ansetzt.

Speisestärke/Stärkepuder
ist das feine weiße Pulver, das aus Weizen, Mais oder Reis hergestellt wird. Auch aus bestimmten anderen Getreidesorten, Kartoffeln, tropischen Knollen und Wurzeln kann Speisestärke gewonnen werden. Speisestärke bindet besser als Mehl, sie zieht mehr Wasser an und quillt außerdem stark auf. Der Teig wird lockerer, aber auch trockener. Zur Zubereitung von Hefeteig eignet sie sich nicht, da sie das Aufgehen der Hefe verhindert. Aber für Biskuit ($1/3$ Speisestärke und $2/3$ Mehl) oder Rührteige (teilweise $1/2$ zu $1/2$ – siehe Rezepte) kann sie gut verwendet werden.

Treibmittel
Backnatron (besteht aus einer Säure, wie Zitronensäure und Natron) wirkt nur in Verbindung mit einer sauren Zutat, z. B. Sauermilch!
Backpulver (Backsoda) wird mit Mehl vermischt und durchgesiebt. Es verteilt sich am besten, wenn man ein wenig Mehl (1–2 EL) zurückbehält, mit dem Backpulver vermischt und dann zum Teig gibt.
Hefe soll immer frisch und einwandfrei sein. Frische Presshefe sieht gelblich-weiß aus, riecht obstartig, aber nicht sauer, fühlt sich feucht an und lässt sich dann leicht zerbröckeln und glatt verrühren. In ein feuchtes Tuch eingeschlagen oder in einem luftdicht schließenden Behälter bleibt sie im Kühlschrank für mehrere Tage verwendungsfähig. Hefe soll stets in lauwarmer Flüssigkeit und nicht zu heiß angerührt werden.
Hefe bekommt man in Würfeln als frische Presshefe (42 g), siehe auch Hefe, Seite 15 oder in Päckchen als Trockenbackhefe (siehe unten).
Hefeteig muss an einem warmen zugfreien Platz (in der Küche) aufgehen, bis er sein Volumen ungefähr verdoppelt hat. Ein guter Platz hierfür ist die aufgeklappte Backofentür bei Warmhaltetemperatur (Einstellung 50 °C).
Trockenbackhefe: 1 Päckchen Trockenhefe (7 g) entspricht 25 g frischer Hefe. Die Treibkraft hält 1 Jahr. Trockenhefe wird direkt unter das Mehl gemischt, ein Vorteig entfällt.
Hirschhornsalz ist ein Gemisch aus Ammoniumhydrogencarbonat, Ammoniumcarbonat und Ammoniumcarbamat; es zerfällt bei über 60 °C in Wasser, Ammoniak und Kohlenstoffdioxid, das den Teig lockert. Es wird als Treibmittel bei flachem

Gebäck wie Honig- oder Lebkuchen verwendet. Man rechnet auf 500 g ca. 8 g Hirschhornsalz. Luftdicht und trocken nicht zu lange aufbewahren. Hirschhornsalz wurde früher aus Hornabfällen gewonnen. Heute ausschließlich chemische Gewinnung.

Pottasche (Kaliumkarbonat), ein weißes, geruchloses Salz, wird meist für schwere Teige wie zu Lebkuchen als Treibmittel verwendet. Es muss stets zuerst in Flüssigkeit gelöst werden.

Sauerteig wird zum Brotbacken benötigt. Es gibt auch fertigen Sauerteig beim Bäcker oder, fertig abgepackt, in flüssiger oder getrockneter Form im Reformhaus oder Bioladen (siehe Seite 25).

Weinstein ist eine Substanz aus fermentiertem Traubensaft. In Verbindung mit Backpulver erzeugt diese Kohlendioxid als Treibmittel (Weinsteinbackpulver).

Vanille

Die Vanillestangen, fälschlicherweise oft Schoten genannt, sind eigentlich Kapselfrüchte einer Kletterorchidee, die in Mexiko beheimatet ist. Das in den Stangen enthaltene Fruchtmark ist der Träger des feinen Aromas. Der Geschmack ist süßlich-würzig. In Pulverform wird Vanille mit Zucker vermischt angeboten. Besonders bekannt ist die „Bourbon-Vanille" mit einem sehr feinen Geschmack. Auf der Insel La Réunion (früher Bourbon) im Indischen Ozean wurde die Pflanze zum ersten Mal kultiviert. Sehr teuer, mit wunderbarem Aroma, ist die Tahiti-Vanille. Vanillinzucker ist ein synthetischer Ersatz für Vanille, vermischt mit Zucker.

Walnüsse/ Baumnüsse

Walnüsse, die noch frisch sind, müssen von dem weißen Häutchen befreit werden, da dieses Bitterstoffe enthält.

Zimt/Kaneel

ist die von der Außenrinde befreite, getrocknete Innenrinde des Zimtbaums oder -strauches. Zimt in Stangen ist von lieblich-würzigem, gemahlen von kräftig-aromatischem, leicht bitterem Geschmack. Zimt kommt meist aus Ceylon, heute Sri Lanka. Zimt von minderer Qualität ist der Kassiazimt (Südostasien).

Zitronat

Auch Sukkade genannt, wird aus den noch grünen, dickschaligen Früchten der Zedrat-Zitrone, eine Art, die am Mittelmeer wächst, hergestellt. Die dicke Schale wird in Salzwasser oder Salz eingelegt und exportiert. Dann wird sie entsalzt, blanchiert und in Zuckerlösungen, die immer süßer werden, eingekocht. Bei guten Qualitäten sehen die Schnittflächen leicht speckig aus. Die Stücke sollten frei von Flecken und Zuckerkristallen sein. Im Handel als Hälften (mit und ohne Zuckerglasur) oder gewürfelt erhältlich.

Zitrusfrüchte

Orangen und Zitronen, deren Schalen zum Backen verwendet werden, dürfen nicht behandelt sein, sollten also Bio-Qualität haben.

Zucker

wird aus Zuckerrüben oder Zuckerrohr gewonnen. Durch verschiedene Trenn- und Reinigungsvorgänge entstehen: brauner Zucker, Rohrohrzucker, Weißzucker, Raffinade und Doppelraffinade. Puderzucker, aus Raffinade staubfein gemahlen, ist für das Backen von Bedeutung – für Guss, Glasuren und zum Bestäuben. Wird Zucker mit Hefe und Flüssigkeit verrührt – z. B. beim Vorteig –, so verliert der Zucker seine Süßkraft. Will man den Teig süß, so muss noch zusätzlich Zucker zugegeben werden! Siehe auch Farinzucker, Seite 14.

Grundrezepte
Teige

Grundrezepte: Teige

MENGE
25–30 g frische Presshefe
oder 1 P. Trockenbackhefe
ca. 1/8 l lauwarme Milch
80–100 g Zucker
500 g Weizenmehl (Type 405)
100 g weiche Butter
oder Margarine
1 gute Prise = 1/4 TL Salz
1–2 Eier, je nach Größe

VARIANTE
Für einen Blechkuchen mit Obstbelag genügt ein dünnerer Boden. Diesen nach dem Grundrezept aus folgenden Zutaten herstellen:

25 g Hefe
ca. 1/8 l lauwarme Milch
60 g Zucker (bei sauren
Früchten 80 g Zucker)
375 g Weizenmehl
75 g weiche Butter
1 Prise Salz

Hefeteig I

Tipp
Bei Verwendung von frischer Hefe stets darauf achten, dass die Hefe wirklich frisch ist (siehe Seite 18)! Die Zubereitung des Hefeteigs erfordert eine wichtige Vorbedingung zum Gelingen: Alle Zutaten müssen gleichmäßig erwärmt sein, etwa handwarm (die Wärme setzt den Gär- und Gehprozess in Gang). Entweder holt man Eier, Fett wie Butter oder Margarine rechtzeitig aus dem Kühlschrank, oder man taucht die Eier kurz in heißes Wasser und lässt das Fett lauwarm zergehen (jedoch niemals erhitzen). Die Hefe stets lauwarm anrühren, nie heiß, und den Teig zum Aufgehen nicht zu heiß aufstellen. Besonders wichtig: Ein Hefeteig braucht Ruhe!

Handarbeit
Die zerbröckelte Hefe mit 1–2 EL lauwarmer Milch oder Wasser, 1–2 TL Zucker und 2 TL Mehl zu einem glatten Vorteig (Hefestück/„Dämpfle") anrühren. Das trockene, gesiebte Mehl in eine große Backschüssel oder auf ein Backbrett geben, in die Mitte eine Vertiefung drücken, den Vorteig hineingeben, mit Mehl bestäuben und den Teig an einem warmen, zugfreien Ort zugedeckt ca. 15 Minuten gehen lassen. Wenn die Mehldecke aufreißt, ist der Teig genügend gegangen (die Trockenbackhefe nach Anleitung auf dem Päckchen verarbeiten). Wichtig: Die angerührte Hefe darf nie direkt mit Fett und Salz in Verbindung kommen! Und der Teig darf nicht zu warm stehen.

Oder zuerst das Mehl in eine Backschüssel oder auf ein Backbrett geben, eine Mulde hineindrücken und das Dämpfle hineinfüllen.

Nun alle übrigen Zutaten zugeben, gut miteinander verarbeiten und den Teig so lange kneten, bis er Blasen zeigt und sich von der Hand und der Schüssel löst. Nun muss der Hefeteig nochmals gehen, ca. 30 Minuten oder je nach Gebäckart länger (siehe Rezepte). Wichtig ist auch hier wieder, dass der Teig an einem warmen, zugfreien Ort aufgehen kann. Den aufgegangenen Teig sofort mit bemehlten Händen auf einem mehlbestäubten Backbrett leicht durchkneten und formen. Auf ein gefettetes Backblech oder in eine Kuchenform legen und noch weitere 20–30 Minuten oder länger – siehe einzelne Rezepte – gehen lassen.

Teige mit Vorteig werden feinporiger und die Backwaren schmecken frischer.

Elektrisches Handrührgerät oder Küchenmaschine mit Knethaken

Bei der maschinellen Zubereitung des Hefeteiges kann auf die Zubereitung des Vorteiges verzichtet werden. In eine große Backschüssel oder Rührschüssel das Mehl sieben, in die Mitte die lauwarme Milch, das Fett, die Eier, Salz und Zucker geben und die Hefe außen herum bröckeln. Mit dem Knethaken zunächst auf niedrigster Schaltstufe, dann auf höchster Stufe den Teig durcharbeiten, bis er sich vom Schüsselrand löst. Den fertig gekneteten Teig mit Mehl bestäuben, mit einem Tuch abdecken und so lange gehen lassen, bis sich der Umfang etwa verdoppelt hat. Hefeteig muss im vorgeheizten Backofen bei guter Mittelhitze nicht zu rasch, aber auch nicht zu langsam gebacken werden. Bei zu starker Hitze verflüchtigen sich die Gase zu schnell, bei zu geringer Hitze verdampft zuviel Wasser und Luft im Innern der Teigmasse. Das Gebäck bleibt dann niedrig (hocken/sitzen) und ist beim Aufschneiden speckig.

Backtemperatur und Backzeit bei den Rezepten

Der Bäcker, schwäbisch Bäck / Bäckr, hieß früher Pfister – aus dem Lateinischen „pistor" = Bäcker, Müller. Die Berufsbezeichnung entstand relativ spät, denn früher wurde das Brot zuhause oder im Backhaus gebacken. Der sogenannte „Rohling" wurde in einem Korb zum Backhaus getragen. Dort wurde er „eingeschossen" – das Ergebnis war manchmal nicht befriedigend, da die Temperaturen sehr schwankten.

TIPP ZUM BACKEN:
Das Backblech fetten oder mit Backtrennpapier belegen, die Teigmasse darauf legen und mit etwas Mehl auf dem Blech auswellen. Die offene oder abgeflachte Seite des Bleches mit einem doppelt gefalzten Alustreifen abschließen, damit beim Backen nichts in den Ofen läuft. Dann je nach Rezept belegen und noch etwa 15–20 Minuten gehen lassen.

„S' isch scho ebbes vrriggds, wenn mr en Kucha backe will ond dr Doig isch gange."
Schwäbisches Paradoxon

Hefeteig II
leichter Hefeteig

MENGE 80 g Butter oder Margarine
60 g Zucker
1 Prise Salz
1 Eigelb
250–280 g Weizenmehl (Type 405)
10 g Frischhefe
ca. 100 ml Milch

Die Butter in kleine Flöckchen schneiden, mit Zucker, Salz und Eigelb unter das Mehl mischen, die Hefe in lauwarmer Milch auflösen, ebenfalls zugeben und den Teig so lange kneten, bis er Blasen zeigt. Dann vor dem Auswellen 30–45 Min. zum Gehen in die Wärme stellen. Dieser Teig eignet sich vorzüglich als Boden für Heidelbeer-, Zwetschgen-, Apfel- und Käskuchen.

Backtemperatur und Backzeit bei den Rezepten

Hefeteig III
für Blatz oder Feuerreiter vom Blech

MENGE 250 g Weizenmehl (Type 405)
15 g Frischhefe
ca. 1/8 l lauwarme Milch
1 Prise Zucker
100 g Schmalz oder weiche Butter
1/2–1 TL Salz, nach Belieben

Hefeteig nach Grundrezept zubereiten und dünn in einem Kuchenblech ausrollen (oder Fladen bzw. runde Kuchen formen).

Variante
Deftiger schmeckt der Blatz, wenn zur Zubereitung anstatt Butter zerlassenes Schweineschmalz verwendet wird.
Ergibt vier ovale dünne Böden, die auf zwei Blechen gebacken werden.

Hinweis
Die Flüssigkeits- und die Fettmenge für Hefeteig können nur mit Circawerten angegeben werden, da sich beide nach der Mehlbeschaffenheit richten.

Sauerteig

Das Roggenmehl mit dem Wasser oder der Buttermilch und dem Zucker gut verrühren, bis ein dicker Brei entsteht. Evtl. Kümmel und/oder Fenchelsamen zugeben und den Ansatz in einem hohen Gefäß (z.B. Einmachglas) an einem gleichmäßig warmen Ort gehen lassen. Jeden Tag mit etwas lauwarmem Wasser kurz durcharbeiten. Nach etwa 3 Tagen ist der Sauerteig gebrauchsfertig – er riecht dann mild sauer.
Reicht für ein Brot von etwa 750 Gramm.
Wer häufig Brot bäckt, behält zweckmäßig etwas fertigen Teig zurück, der in einem fest verschlossenen Glas oder in einer luftdicht schließenden Schüssel einige Zeit im Kühlschrank aufbewahrt werden kann und zum Säuern des nächsten Teiges dient. Sauerteig kann auch eingefroren werden. Man sollte ihn dann einen Tag vor der Verwendung aus dem Tiefkühlgerät nehmen und mit etwas lauwarmem Wasser durcharbeiten. Siehe auch Tipp bei Landbrot mit Kartoffeln, Seite 44.

Tipp
Sauerteig kann auch mit frischer Hefe angesetzt werden. Dazu die Hefe zerbröckeln, mit lauwarmem Wasser verrühren und soviel Mehl einrühren, dass eine dickflüssige Mischung entsteht. Den Behälter luftdicht verschließen und den Ansatz bei Zimmertemperatur ca. 3 Tage gären lassen. Den fertigen Sauerteig mit einem Schöpflöffel entnehmen und zu den anderen Zutaten geben.
Zum „Verlängern": Wasser und Mehl zu gleichen Teilen vermischen, mit dem restlichen Sauerteig verrühren und kühl aufbewahren. Hält im Kühlschrank ca. 1 Woche.

Alternative
Im Handel gibt es fertigen Sauerteig zu kaufen.

MENGE
100 g Roggenmehl (Type 1150 oder 1370) oder Roggenschrot
150–200 ml lauwarmes Wasser oder Buttermilch
2 EL Zucker
evtl. 1 TL gemahlener Kümmel und/oder Fenchelsamen

MENGE
7 g Frischhefe
200–250 ml lauwarmes Wasser
125 g Roggenmehl (Type 1150 oder Roggenschrot)

Heller Rührteig

MENGE
200 g weiche Butter oder Margarine
200 g Zucker
½ P. Vanillezucker oder abgeriebene Schale von ½ Bio-Zitrone
4 Eier
200 g Weizenmehl (Type 405)
1 ½ TL Backpulver
150 g Speisestärke

GESAMTRÜHRDAUER
15–20 Minuten

Handarbeit

Butter/Margarine cremig schlagen, dann mit dem Zucker schaumig rühren, Vanillezucker oder Zitronenschale und nach und nach die Eier zugeben, dabei immer rühren. Backpulver mit gesiebtem Mehl vermischen, zusammen mit der Speisestärke zufügen, weiter rühren.
Rosinen, Mandeln, Zitronat oder Schokolade, jeweils nach Rezept, zuletzt unter den Teig mischen. Wichtig: Immer gut rühren!

Elektrisches Handrührgerät oder Küchenmaschine (Rührbesen)

Butter oder Margarine in Flöckchen in eine hohe Schüssel oder in die Rührschüssel geben. Zucker, Eier, Vanillezucker oder abgeriebene Zitronenschale, Speisestärke, Mehl und Backpulver darüber verteilen und alles auf der höchsten Schaltstufe verrühren.
Rosinen, Mandeln, Zitronat oder Schokolade (nach Rezept) zuletzt unter den Teig mischen (Küchenmaschine: Momentschalter).
Gesamtrührdauer:
Handrührgerät ca. 5 Min. und Küchenmaschine ca. 3 ½ Min.
Rührteig eignet sich für „sättigende" Kuchen wie Gugelhopf und Marmorkuchen und als Boden für Obstkuchen und für Kleingebäck.

Backtemperatur und Backzeit bei den Rezepten

Dunkler Rührteig

Den Kakao mit Milch verrühren und zuletzt unter den Teig geben (z.B. für Marmorkuchen).

Tipp
Zusätzlich 2 EL Kirschwasser zufügen, das macht den Teig lockerer.

MENGE Zutaten wie auf Seite 26 und
3 EL Kakao oder Schokoladenpulver
1 EL Milch

Rührteig mit Vollkornmehl

Handarbeit
Das Fett mit dem Honig schaumig rühren. Eier, Zitronenschale und Salz zugeben. Das Mehl mit dem Backpulver vermischen und zufügen. Zuletzt soviel Milch einrühren, dass ein nicht zu fester Rührteig entsteht. Geeignet für Obstkuchen, z.B. Apfelkuchen u.a.

Backtemperatur und Backzeit bei den Rezepten

MENGE 125 g Butter oder Margarine
80 g flüssiger Honig, z.B. Akazienhonig
3 Eier
abgeriebene Schale von ½ Bio-Zitrone
1 Prise Salz
250 g Weizenvollkornmehl (Type 1050)
2 TL Weinsteinbackpulver
gut ⅛ l Milch

Mürbeteig I
(Knetteig, Hackteig)

MENGE 220–250 g Weizenmehl (Type 405)
80 g Zucker
1–2 EL Weißwein oder
Sauerrahm oder Apfelessig,
je nach Mehlbeschaffenheit
2 Eigelb oder 1 Ei
1 Prise Salz
125 g kalte Butter oder halb
Butter / halb Butterschmalz

TIPPS
Für pikante Kuchen nur eine Prise Zucker zum Teig verwenden.

Den Teig dünn auswellen – am besten zwischen dicker Plastikfolie oder Backtrennpapier. Den Teig zusammenlegen und in der gefetteten Form wieder ausbreiten (siehe auch Abb. Seite 72).

Der Teig eignet sich gut für Obst- und Käsekuchen und für Weihnachtsgebäck.

Wenn das Obst sehr nass ist, empfiehlt es sich, den Kuchenboden vor dem Belegen entweder „blind" vorzubacken (siehe Seite 9) oder mit Semmelbröseln oder Biskuitbröseln zu bestreuen.

Handarbeit
Mehl auf ein Backbrett häufen, in die Mitte eine Vertiefung drücken. In diese Zucker, Wein oder Rahm, Ei und Salz geben. Die Butter oder die Mischung in kleinen Stückchen rund um das Mehl verteilen. Dann alle Zutaten mit einem Messer erst vorsichtig, dann energisch zusammenhacken, rasch zusammenkneten und zugedeckt etwa 30 Min. – oder auch länger, je nach Rezept – kalt stellen.

Elektrisches Handrührgerät oder Küchenmaschine (Knethaken)
Mehl in eine hohe Schüssel oder in die Rührschüssel füllen. Zucker, Wein oder Rahm/Sahne, Ei, Salz und Fett darauf geben, alles auf der niedrigen Schaltstufe verkneten, den Teig kalt stellen.

Backtemperatur und Backzeit bei den Rezepten

Blindbacken
Siehe Backtipps, Seite 9.

Mürbeteig II

MENGE 180 g Weizenmehl (Type 405)
100 g kalte Butter
1–2 EL Zucker
1 Prise Salz – oder mehr, nach Geschmack
1 kleines Ei
kaltes Wasser – nach Bedarf

Handarbeit

Das Mehl auf ein Backbrett sieben, die kalte Butter in Stückchen schneiden und rund um das Mehl verteilen. Zusammen mit Zucker und Salz rasch verkneten oder mit einem großen Messer verhacken. Das Ei unterarbeiten und soviel Wasser wie nötig zugeben, um einen formbaren Teig zu erhalten (das hängt u.a. von der Beschaffenheit des Mehls ab). Der Teig darf nicht zu weich sein. Die Masse zugedeckt etwa 1 Stunde kühl stellen, dann weiter verarbeiten.

Elektrisches Handrührgerät oder Küchenmaschine

Zubereitung wie unter Mürbeteig, Seite 28, angegeben.

Dieser Mürbeteig eignet sich besonders gut für Obstkuchen (mit Rand) und ist ausreichend für eine Obstkuchen- oder Tarteform von 28 cm Ø. In einer kleineren Form wird der Boden entsprechend dicker. Alternativ für kleinere Formen den Teig mit 200 g Weizenmehl, 80 g Butter, je 1 Prise Zucker und Salz und etwa 2 EL eiskaltem Wasser zubereiten.

Backtemperatur und Backzeit bei den Rezepten

Salziger Mürbeteig

MENGE 60 g weiches Schweineschmalz
200–220 g Weizenmehl (Type 405)
$1/2$ TL Salz
evtl. 1 TL Backpulver
100 ml Milch oder Wasser

Das Schweinefett leicht schaumig rühren, alle anderen Zutaten nach und nach untermischen und den Teig etwa 1 Stunde kalt stellen. Der Teig eignet sich als Hülle für Pasteten (vgl. Seite 76), als Grundlage für pikante Kuchen (z.B. Zwiebelkuchen), auch für pikantes Kleingebäck. Für Kleingebäck den Teig vor dem Belegen in 3–4 Touren auswellen (siehe Blätterteig, Seite 32) und zusammenlegen. Dadurch wird der Mürbeteig blättriger.

Grundrezepte: Teige

MENGE 4 Eiweiß
4 EL kaltes Wasser
180 g Zucker
1 P. Vanillezucker
oder abgeriebene Schale von
½ Bio-Zitrone
4 Eigelb
100 g Speisestärke
100 g Weizenmehl (Type 405)
evtl. 1 TL Backpulver

TIPP
Den Teig für eine Biskuitrolle nur mit Mehl zubereiten. Dann lässt sich die Teigplatte besser aufrollen.

Dünner Biskuit auf dem Backblech:
°C   E-Herd 200–225 °C
        Gasherd 3–4
BACKZEIT 8–12 Minuten

Tortenbiskuit (Springform):
°C   E-Herd 175–200 °C
        Gasherd 2–3
BACKZEIT 30–35 Minuten

Obstkuchenboden:
°C   E-Herd 200 °C
        Gasherd 3
BACKZEIT 20–25 Minuten

Biskuittörtchen:
°C   E-Herd 175–180 °C
        Gasherd 2
BACKZEIT 15–20 Minuten

Einfacher Biskuit

Handarbeit

Eiweiß mit Wasser sehr steif schlagen, Zucker und Vanillezucker einrieseln lassen, kurz darunter schlagen und die Eigelbe darunter ziehen. Speisestärke mit gesiebtem Mehl und evtl. Backpulver vermischen und leicht darunter heben.
So geht's auch: Die Eigelbe mit heißem Wasser schaumig rühren. Zucker und Vanillezucker oder Zitronenschale unterrühren. Eiweiß steif schlagen und auf die Eigelbmasse geben. Mehl und Speisestärke darüber sieben und leicht unterheben.

Elektrisches Handrührgerät oder Küchenmaschine (Rührbesen)

Eiweiß und Wasser in der Rührschüssel auf der höchsten Schaltstufe sehr steif schlagen. Zucker und Vanillezucker unter weiterem Schlagen einrieseln lassen. Auf der niedrigen Schaltstufe (Küchenmaschine: Momentschalter) Eigelb leicht darunter ziehen, zuletzt Speisestärke, Mehl und Backpulver darunter heben.
Den Teig sofort in eine nur am Boden gefettete und evtl. mit Backpapier belegte Springform oder Obstkuchen-Backform füllen und backen. Nach dem Backen den Biskuit sofort stürzen, damit der Boden eben wird.
Für eine Biskuitrolle Pergamentpapier auf ein gefettetes Backblech legen und die Ränder hochfalzen, damit der Teig nicht vom Blech läuft. Den schaumigen Teig mit einem Spatel dünn auf dem Pergamentpapier verstreichen.
In den vorgeheizten Backofen schieben. Der Biskuit ist nach ca. 10 Min. gar und lässt sich dann leicht vom Papier lösen. Der Teig muss gelb und darf noch nicht braun aussehen.
Die fertig gebackene Biskuitplatte schnell auf ein gezuckertes Tuch stürzen. Dann die Teigplatte mit Hilfe des Tuches noch ohne Füllung rasch aufrollen – so wird das spätere Aufrollen mit Füllung erleichtert und der Biskuit bricht nicht.

Mandelbiskuit

Handarbeit

Eier mit Zucker und Zitronenschale über heißem Dampf (Wasserbad) schaumig schlagen. Die Masse soll nur lauwarm werden! Wenn man mit dem Kochlöffel eine Art Band ziehen kann, die Biskuitmasse kalt schlagen. Nach und nach das gesiebte Mehl und die Speisestärke einrühren, dann die Mandeln zugeben und zuletzt die Butter unterziehen. Die Masse in eine gefettete Springform füllen und die Torte im vorgeheizten Backofen backen. Nach dem Erkalten evtl. in mehrere Böden schneiden (siehe Seite 126) oder nur einmal quer durchschneiden (Blechkuchen) und mit Buttercreme oder Obstsahne füllen und glasieren.

Die Teigmenge reicht für eine Springform von 26 cm Ø oder ein Backblech von 30 × 40 cm.

Backtemperatur und Backzeit bei den Rezepten

MENGE 6 Eier
250 g Zucker
Saft und abgeriebene Schale von
1 Bio-Zitrone
100 g Weizenmehl (Type 405)
100 g Speisestärke
60 g geschälte, geriebene Mandeln
60 g Butter, zerlassen, wieder abgekühlt

MENGE 250 g Weizenmehl (Type 405)
250 g Butter
1 Prise Salz
je 3 EL Wasser und
Weißwein

Blätterteig

Handarbeit

Alle Zutaten sollen frisch und kühl sein. 100 g Mehl und 200 g Butter (in kleinen Stücken) zusammenkneten, zu einem viereckigen Teigstück auswellen und kalt stellen. In die Mitte des übrigen Mehls eine Vertiefung drücken, den Rest der Butter, Salz, Wasser und Wein hineingeben, den Teig gut kneten und zu einem größeren Rechteck auswellen. In die Mitte des Rechtecks das zuerst zubereitete Teigstück (Butterstück) geben, den zweiten Teig darüber schlagen und auswellen, diesmal zu einem länglichen Rechteck. Dieses wiederum zur Mitte hin einschlagen und dann nochmals zusammenfalten, so dass der Teig vierfach übereinanderliegt. 30 Min. kalt stellen. Dann erneut auswellen (nur ganz leicht, ohne zu drücken), übereinanderschlagen, kalt stellen. Diesen Vorgang mehrmals wiederholen, je nachdem, wie fein und blättrig der Teig gewünscht wird.
Dieser Blätterteig eignet sich für vielerlei Kleingebäck.

Backtemperatur und Backzeit bei den Rezepten

Hefeblätterteig
(Plunderteig)

Handarbeit

Einen Hefeteig nach Grundrezept zubereiten. Nach dem Aufgehen auf einem mit Mehl bestreuten Backbrett mit einem Tuch bedecken und kurze Zeit an einem kühlen Ort ruhen lassen. Dann den Teig auswellen, die Butter zum Einwellen mit etwas Mehl verkneten, breitdrücken, auf die Teigplatte geben und wie Blätterteig (vorheriges Rezept) drei- oder viermal auswellen. Zwischendurch den Teig immer wieder für eine kurze Pause klein zusammenlegen. Dann den Hefeblätterteig in der Wärme nochmals gehen lassen. Der Teig eignet sich für Klein- und Kaffeegebäck. Für pikantes Gebäck den Zucker weglassen.

Backtemperatur und Backzeit bei den Rezepten

MENGE
- 35 g Frischhefe
- 1/8–1/4 l Milch
- 70 g Zucker
- 500 g Weizenmehl (Type 405)
- 70 g Butter oder Margarine
- 1/2 TL Salz
- 1–2 Eier

ZUM EINWELLEN
- 100–180 g Butter oder Margarine
- etwas Mehl

Brandteig
(Brühteig)

Handarbeit

Wasser mit Butter und Salz in einem Topf zum Kochen bringen. Dann das Mehl auf einmal zugeben und solange rühren (abbrennen), bis sich die Masse als Kloß vom Boden des Topfes löst. Den heißen Teig in eine Schüssel geben und sofort mit einem Ei verrühren. Abkühlen lassen und ein Ei nach dem anderen unterrühren. Der fertige Teig soll glatt und glänzend sein und in langen Spitzen vom Knethaken bzw. Rührlöffel fallen. Den Teig 30 Minuten ruhen lassen, dann wird er besser formbar. Aus dem Teig mit Hilfe einer Gebäckspritze oder eines Spatels (ggf. auch mit Löffeln) Windbeutel, Eclairs und auch Tortenböden herstellen. Windbeutel oder Eclairs zum Füllen mit einer Schere oder einem gezahnten Messer aufschneiden. Auf Seite 165 wird dieser Teig im Rezept für Brandteigkräpfle verarbeitet.

MENGE
- 1/4 l Wasser (oder halb Wasser, halb Milch)
- 50 g Butter
- 1 Prise Salz
- 150 g Weizenmehl (Type 405)
- 4–5 Eier

TIPP
Für süßen Brandteig noch 1 EL Zucker und 1/2 Pck. Vanillezucker hinzufügen. Evtl. 1 gestr. TL Backpulver unter den abgekühlten Teig kneten, damit er besser aufgeht – üblicherweise sind die Eier dafür ausreichend.

Je nach Gebäckgröße, mittlere Schiene:
°C   E-Herd 220 °C
         Gasherd 3–4

BACKZEIT 18–25 Minuten

RUHEZEIT 10 Minuten

Grundrezepte
Cremes & Glasuren

MENGE 200 g weiche Butter
50 g Kokosfett oder Pflanzenmargarine
2 Eigelb
125–175 g Puderzucker

KUVERTÜRE
ist eine besondere Schokoladensorte mit mehr Fettanteil, deshalb eignet sie sich zum Überziehen von Gebäck besser (siehe auch Seite 39).

ZUBEREITUNG
Die Kuvertüre in Stückchen brechen und zuerst eine kleine Menge im Wasserbad schmelzen. Dann den Rest zugeben und gut verrühren. Mit der Außenseite des Ringfingers prüfen, ob die Temperatur richtig ist: Fühlt sich die Kuvertüre weder heiß noch kalt an, dann ist sie richtig temperiert.

WICHTIG
Eine Kuvertüre darf nicht kochen!

Buttercreme

Die weiche Butter und das flüssige, nicht mehr warme Kokosfett verrühren. Die Fettmischung schaumig aufschlagen. In einem anderen Gefäß Eigelb und Puderzucker im Wasserbad erst warm, dann kalt und locker aufschlagen. Die Fettmischung in die Zuckermischung gießen und vorsichtig zur fertigen Creme vermischen.

Tipp
Pflanzenfett wird zur Buttercreme mit verwendet, damit die Creme lockerer und leichter wird.

Varianten
200 g weiche Butter weißschaumig rühren, nacheinander 200 g Puderzucker dazusieben und 2 ganz frische Eigelb unterrühren.
Dann eine der folgenden Aroma-Zutaten unter die Creme rühren:

Punsch-Buttercreme
3 EL Rum oder Arrak dazugeben.

Vanille-Buttercreme
1 Päckchen Vanillezucker unter den Puderzucker mischen oder ausgeschabtes Mark von 1 Vanillestange.

Mandel- oder Nuss-Buttercreme
Unter die Vanille-Buttercreme 90 g geschälte, geriebene Mandeln oder 90 g geröstete, fein gemahlene Nusskerne rühren, vermischt mit ca. 50 ml heißem Wasser oder 2 EL Nusslikör.

Schokoladen-Buttercreme
150 g Zartbitterschokolade oder Halbbitterkuvertüre im Wasserbad schmelzen. Etwas abgekühlt unter die Buttercreme mischen.

Einfache Glasuren

MENGE 200–250 g Puderzucker
4–5 EL heißes Wasser

Puderzuckerglasur

Den Puderzucker sieben und mit etwas Flüssigkeit so lange glatt verrühren, bis die Glasur dickflüssig ist. Mit einem Pinsel oder breiten Messer auf dem noch warmen oder kalten Gebäck verstreichen.

Torten oder Kuchen glasieren

Glasur auf die Kuchenmitte gießen und mit einem breiten Messer oder Spatel zu den Rändern hin verstreichen.
Die Puderzuckerglasur kann folgendermaßen verändert werden:

Zitronenglasur

1–2 EL heißes Wasser und 2–3 EL Zitronensaft dazugeben (oder nur 4–5 EL Zitronensaft).

Orangenglasur

1–2 EL heißes Wasser und 2–3 EL Orangenblütenwasser zugeben.

Arrakglasur

1–2 EL heißes Wasser und 2–3 EL Arrak dazugeben.

Rumglasur

1–2 EL heißes Wasser und 2–3 EL Rum (54 Vol.-%) dazugeben.

Vanilleglasur

1 Päckchen Vanillezucker oder das Mark einer halben Vanillestange zusammen mit 2 EL Arrak oder Zitronensaft zum Grundrezept geben.

Zuckerglasur

MENGE 150 g Zucker oder Puderzucker
3 EL Wasser

Den Zucker mit dem Wasser so lange unter Rühren kochen, bis die Flüssigkeit klar ist und sich auf der Oberfläche eine ziehende Haut bildet. Dann sofort heiß mit einem feinen Pinsel auf das noch warme Gebäck auftragen. Diese Glasur deckt zwar nicht vollständig, gibt aber jedem Hefe- oder Rührteiggebäck (auch Kleingebäck) einen leichten Glanz.

Varianten
Rote Zuckerglasur
Nur 1 EL Wasser und noch 2 EL dicken roten Fruchtsaft mit Zucker oder Puderzucker verrühren.

Eiweißglasur

MENGE 250 g Puderzucker
1 frisches Eiweiß

Puderzucker mit Eiweiß solange rühren, bis die Masse cremig-dickflüssig ist.

Wichtig
Diese Glasur kann mitgebacken werden.

Tipp
Noch 20 g zerlassene, leicht abgekühlte Butter zugeben – das macht die Glasur geschmeidiger.

Schokoladenglasur

MENGE 125 g Zartbitterschokolade oder Kuvertüre
150 g Puderzucker
3–4 EL Wasser oder Milch
1 EL weiche Butter

Die Schokolade oder Kuvertüre zerkleinern und in einem Wasserbadtopf oder in einem Kessel über Wasserdampf schmelzen. Den gesiebten Puderzucker, wenig Wasser oder Milch sowie die weiche Butter einrühren. Die warme Schokoladenglasur über dem Gebäck verstreichen.

Läuterzuckerglasur

Die Glasur mit Läuterzucker zubereiten. Dazu 625 g feinen Zucker mit ½ l Wasser 15 Minuten strudelnd kochen – das ergibt einen dickflüssigen Läuterzucker. (Den entstehenden Schaum immer wieder abheben.) Dieser Läuterzucker kann auf Vorrat hergestellt werden, man kann so jeweils die benötigte Menge abnehmen.
Bei der Verwendung von Läuterzucker kann der Schokoladenanteil erhöht werden.

Tipps

Für einen Kuchen oder eine Torte von 26 cm Ø reicht eine Glasur von 250 g Puderzucker; bei Kleingebäck (Gutsle, Brödle) müssen je nach Größe etwa 80 g mehr Puderzucker gerechnet werden.

Glasuren, die nicht richtig decken, mit einem Eiweiß verrühren.
Etwas flüssiges Kokosfett (bei gekochten oder mit heißem Wasser angerührten Glasuren) verleiht einer Glasur einen schönen Glanz.
Vor dem Glasieren evtl. anhaftende Brösel vom Backpinsel entfernen.
Poröse Oberflächen mit etwas geschmeidig gerührter Konfitüre (Gsälz) bestreichen und dann erst glasieren.

Wichtig

Die Flüssigkeit immer nur in kleinsten Mengen einrühren, da sonst die Glasur zu dünnflüssig werden könnte und außerdem rasch austrocknet.

Schokoladenglasur

Brote, Weckle und Brezeln

Brezeln, Rezept Seite 59

Seelen, Rezept Seite 58

Zum Brotbacken eignen sich vor allem die Mehle mit hohen Typenzahlen – diese dienen zur Kennzeichnung des Ausmahlungsgrades und bezeichnen die Menge der Mineralstoffe, die nach der Veraschung von 100 g Mehl übrig bleiben.
100 g Weizenmehl Type 405 (das gebräuchlichste Mehl) enthalten nur 405 mg Mineralstoffe.

Jeweils 100 g:
- Weizenmehl Type 1050 enthält 1050 mg Mineralstoffe,
- Roggenmehl Type 1150 enthält 1150 mg Mineralstoffe,
- Roggenmehl Type 1370 enthält 1370 mg Mineralstoffe,
- Weizenvollkornmehl/-schrot Type 1700 enthält 1700 mg Mineralstoffe,
- Roggenvollkornmehl/-schrot Type 1800 enthält 1800 mg Mineralstoffe.

Je stärker das Mehl ausgemahlen ist, desto wertvoller ist es für die Ernährung; die Farbe ist dunkel und der Geschmack ist kräftig.
Alle diese Mehle gibt es zu kaufen; wer im Besitz einer Getreidemühle ist, kann aus Korn sein Mehl in der gewünschten Feinheit selbst frisch herstellen. Es gibt Getreidemühlen für den kleinen und den großen Haushalt mit Stein-, Keramik oder Metallmahlwerk. Frisch gemahlenes Mehl oder Schrot sollten möglichst rasch verarbeitet werden. Brote, die mit Vollkornmehl oder Schrot zubereitet werden, brauchen etwa ⅓ mehr Flüssigkeit; der Teig sollte auch genügend Zeit haben, um ausquellen zu können. Damit der Teig nicht zu schwer wird, lieber etwas mehr Hefe oder Sauerteig und Hefe zusetzen.
Ein fester Brotteig kann direkt auf dem gefetteten oder mit Backtrennpapier belegten Blech gebacken werden, weicher Teig besser in der Brotbackform oder in einer Kastenform.

Damit die Oberfläche des Brotes (oder der Wecken) nicht zu sehr austrocknet, evtl. nach 30 Min. Backzeit das Brot noch einmal mit Wasser bepinseln oder von Anfang an eine Tasse Wasser mit in den Backofen stellen.

Einschubhöhe
Brote und Weckle auf der mittleren Schiene (Schiebeleiste) backen.

Klopftest
Erklingt beim Beklopfen eines Brotes mit dem Zeigefinger ein hohler Ton, ist das Brot durchgebacken.

Stäbchenprobe
Um zu testen, ob ein Brot oder ein Stollen bzw. ein Kuchen durchgebacken ist, mit einem Holzstäbchen (z.B. Schaschlikspieß) schräg in das Backwerk stechen. Bleibt kein Teig hängen, ist es fertig (siehe auch Seite 10).

Aufbewahren
In einem durchlüfteten Steingutgefäß oder in einer Brotkapsel aus Holz hält frisch gebackenes Brot einige Tage. Vorsicht bei schwüler Witterung! Dann das Brot besser im kühlen Keller oder auch, gut verpackt, im Kühlschrank aufbewahren.
Brote und Weckle können auch eingefroren werden.
Siehe auch Hinweise auf Seite 6 und 7.

MENGE	2 Brote
TEIG	2 kg Weizenvollkornmehl (Type 1050)
	500 g Roggenmehl (Type 1370)
	60 g Sauerteig (siehe Grundrezept Seite 25)
	10–15 g Frischhefe
	oder ohne Sauerteig:
	40–50 g Frischhefe
	1 geh. EL Salz
	etwa 1 1/2 l Wasser, je nach Mehlbeschaffenheit
	evtl. 1–2 EL Kümmelsamen
	4–5 mittelgroße, gekochte, geriebene Kartoffeln
ZUM BESTÄUBEN	etwas Mehl
°C	E-Herd 200 °C
	Gasherd 3
BACKZEIT	ca. 60 Minuten – Klopftest machen

Landbrot
mit Kartoffeln

Zum Vorteig die Hefe mit 1/8 l lauwarmem Wasser glatt rühren, so viel Mehl zugeben, dass ein dünner Teig entsteht, und kühl gestellt über Nacht aufgehen lassen. Anderntags das erwärmte Mehl, Salz, den Hefeansatz oder Sauerteig mit Vorteig, lauwarmes Wasser, evtl. Kümmel und Kartoffeln untermengen und den festen Teig so lange kneten, bis er sich von den Händen löst und Blasen zeigt. Dann mit Mehl ringsum bestäuben und etwa 4 Stunden warm, aber nicht zu warmstellen, weil der Teig langsam gären soll (Raumtemperatur, keine Zugluft). Dann zwei Brote formen, auf Bleche setzen und nach weiteren 20–30 Min. Ruhezeit mit Wasser überpinseln. (Oder Brote formen, in Backkörbe legen – siehe Abbildung Seite 54 oben – und etwa 4 Stunden gehen lassen.) Die Brote bei guter Mittelhitze braun backen und noch heiß wieder mit Wasser bestreichen.

Variante
Speckbrot vom Georg

Zutaten wie oben und zusätzlich noch 250 g durchwachsenen Speck in kleinen Würfeln sowie zwei gehackte Zwiebeln (zusammen glasig angedünstet) untermischen und gut verkneten. Diese Brotmischung am besten über Nacht gehen lassen. Backen wie oben.

Tipps

Vom frischen Teig ein handtellergroßes Stückchen zurückbehalten, mit etwas Salz und Mehl bestäuben, zugedeckt an kühlem Ort aufbewahren und beim nächsten Backen als Sauerteigansatz verwenden.

Was auch geht: den Teigrest mit soviel Mehl verkneten, dass man Streusel reiben kann. Die Streusel zum Trocknen ausbreiten und in einem Stoffsäckchen an einem gut durchlüfteten Ort aufheben und beim nächsten Backen mit etwas lauwarmem Wasser anrühren und ebenfalls als Ansatz verwenden. Man sagt auch „Hefel" dazu.

Oder die fertige Teigmasse über Nacht in einem mäßig warmen Raum gehen lassen. Das Backergebnis ist besser, das Brot wird feinporiger. Dazu sagt man auch „kalte Führung" oder „Über-Nacht-Brot".

Kümmelbrot
ohne Rinde

Zum Teig das Mehl in eine Schüssel sieben, eine Vertiefung in die Mitte des Mehles drücken und darin die mit etwas Milch aufgelöste Hefe zu einem Vorteig anrühren. Nach halbstündiger Ruhezeit die übrigen Zutaten untermengen, zu einem weichen Teig verkneten und so lange (1 ½–2 Std.) warmstellen, bis er hoch aufgegangen ist. Eine längliche Blechkapsel mit Deckel oder eine festschließende Fleischpastetenform einfetten, das schmal zusammengefaltete Teigstück bis zur halben Höhe einlegen (damit es aufgehen kann und nicht überquillt) und in der geschlossenen Form (gut verschlossen) im leicht strudelnden Wasserbad 1–1 ½ Std. – vom Kochen an gerechnet – garen. Dann aus der Form lösen, erkalten lassen und bis zum Gebrauch trocken aufbewahren; dieses Toastbrot lässt sich so auf rasche Weise ohne Backofen herstellen.

Variante

400 g Weizenvollkornmehl (Type 1050) mit ca. 200 ml Milch, 30 g Frischhefe, 1 TL Salz, 1 TL gemahlenem Kümmel und 50 g Butter oder Pflanzenmargarine zu einem Teig arbeiten und backen wie oben.

MENGE
375 g Weizenmehl (Type 405)
ca. ¹/₈ l Milch
25 g Frischhefe oder
1 P. Trockenbackhefe
1 TL Salz
1 EL Kümmel, gemahlen
40 g Butter oder Schweineschmalz

ZUBEREITUNG IM WASSERBAD
1–1 ½ Stunden

Landbrot mit Kartoffeln, Rezept Seite 44

Nussbrot, Rezept Seite 51

Roggenbrot
mit Sauerteig und Hefe

MENGE	2 Brote
TEIG	2½ kg Roggenmehl (Type 1370), oder halb Roggenmehl, halb Roggenschrot 1 Würfel Frischhefe (42 g) 1 EL Zucker oder Honig ca. 1½ l Wasser, evtl. auch etwas mehr 1 Beutel Natursauerteig (Reformhaus) oder etwa 150 g selbst angesetzter Sauerteig, siehe Seite 25, oder Sauerteig vom Bäcker 1 geh. EL Salz
ANFANGSBACKHITZE	
°C	E-Herd 220 °C Gasherd 4
BACKZEIT	15–20 Minuten
FERTIG BACKEN	
°C	E-Herd 200 °C Gasherd 3
BACKZEIT	ca. 60 Minuten, Klopftest machen

Brotbacken nur mit Sauerteig ist immer etwas problematisch und erfordert einige Übung. Der Teig wird sehr klebrig – keinesfalls jedoch mit mehr Mehl arbeiten, lieber die Hände befeuchten! Sauerteig ist das einzige Treibmittel, das den Roggenteig beim Backen lockern kann, die Hefe allein schafft es nicht. Einfacher geht es, wenn Sauerteig und Hefe zusammen verwendet werden.

Das Mehl (oder Mehl und Schrot) in eine Schüssel geben; die Hefe mit Zucker oder Honig mit etwas lauwarmem Wasser glatt rühren und zum Mehl geben. Mit dem restlichen Wasser, dem Sauerteig und Salz zu einem festen Teig verkneten. Den Teig zugedeckt einige Stunden bei Zimmertemperatur gehen lassen. Nochmals durchkneten, 2 Brote formen, wieder gehen lassen. Danach eine Teigseite über die andere schlagen und den Broten ihre Form geben. Einige Male mit der Gabel einstechen, evtl. mit lauwarmem Wasser bepinseln und nacheinander backen.
Während des Backens 2–3-mal mit Wasser bestreichen.

Varianten
Den Teig mit 1,8 kg Roggenmehl und 600 g Weizenmehl (Type 1050) zubereiten.
Oder den Teigansatz über Nacht mäßig warm ruhen lassen und am nächsten Tag weiter verarbeiten.

1 · Brotlaib formen, nochmals gehen lassen.
2 · Eine Teigseite über die andere schlagen.

Schrotbrot
mit Kernen

Weizen- und Roggenschrot in eine Schüssel geben, eine Vertiefung eindrücken, die Hefe hineinbröckeln und mit etwas lauwarmem Wasser oder Buttermilch und Zucker verrühren. Kurze Zeit stehen lassen, dann von innen nach außen das Mehl unterarbeiten und mit dem Salz zu einem glatten Teig kneten. Falls nötig, noch etwas Wasser zugeben, jedoch nur so viel, dass der Teig nicht an den Händen klebt. Zuletzt die Sonnenblumenkerne einarbeiten.
Die Schüssel zudecken und den Teig weitere 40–50 Min. gehen lassen. Nochmals durchkneten und zu einem Laib formen. Auf einem leicht mit Mehl bestäubten Backblech ca. 10–15 Min. ruhen lassen.
Mit flüssiger Butter oder Margarine bestreichen und nach einer weiteren Ruhezeit von etwa 30 Min. im vorgeheizten Backofen backen.

Das warme Brot auf der Oberseite mit in wenig Wasser verrührter Speisestärke bepinseln.

Tipp
Eine Tasse Wasser mit in den Backofen stellen, dann wird die Kruste nicht zu hart!

TEIG	500 g feiner Weizenschrot (Type 1700)
	50 g Roggenschrot (Type 1800)
	1 Würfel Frischhefe (42 g)
	¼ l lauwarmes Wasser oder Buttermilch
	1 EL Zucker
	1 EL Salz
	50 g Sonnenblumenkerne
ZUM BESTREICHEN	2 EL Butter oder Margarine
	Wasser
	etwas Speisestärke
°C	E-Herd 200–220 °C
	Gasherd 3–4
BACKZEIT	ca. 40 Minuten, Klopftest machen

Beerenbrot
vom Schorsch

MENGE	2 Laibe
TEIG	600 g Weizenmehl (Type 550) 600 g Weizenmehl (Type 1050) 250 g Weizenschrot 250 g Roggenschrot ca. 1½ l lauwarmes Wasser, je nach Mehlbeschaffenheit je 50 g Sonnenblumenkerne und Leinsamen 1 EL Sesamsamen 35 g Salz 1 Würfel Frischhefe (42 g) 80 g frische Beeren wie Sanddornbeeren oder Preiselbeeren u. a. (im Winter auch getrocknete Beeren, in Wasser eingeweicht)
ZUM BESTREICHEN	Wasser
ANFANGSBACKHITZE	
°C	E-Herd 220 °C Gasherd 4
BACKZEIT	15 Minuten
FERTIG BACKEN	
°C	E-Herd 180 °C Gasherd 3
BACKZEIT	35–40 Minuten, Klopftest machen

Aus 200 g Mehl, der Hefe und ¼ l lauwarmem Wasser einen Vorteig herstellen. Mit etwas Mehl bestäuben. Wenn die Mehldecke aufreißt, mit allen anderen Zutaten verkneten. Den Teig zugedeckt ca. 1 Stunde gehen lassen.
Zwei Laibe formen, in gefettete Kapseln geben und weitere 30 Minuten gehen lassen. Die Brote nacheinander auf ein Backblech legen, die Oberfläche mit einem Messer leicht einritzen und mit Wasser bestreichen. Auf der mittleren Schiene bei abfallender Hitze backen.

Der Schorsch bäckt seine Brote in einem speziellen Brotbackofen oder im Backhaus (siehe unten).

Nussbrot

Aus Mehl, Salz und Wasser einen dicken Brei rühren. Hefe mit Wasser und Honig anrühren, unter den Teig mischen und ca. 10 Minuten gehen lassen. Öl zufügen und alles durchkneten, bis sich der Teig vom Schüsselrand löst. Zu einer Kugel formen und 30–40 Minuten gehen lassen.
Den Teig nochmals durchkneten, die Nüsse unterarbeiten. Aus dem Teig zwei Laibe formen und auf die mit Backpapier ausgelegten Backbleche setzen. Mit Mehl bestäuben und 30 Minuten gehen lassen; nacheinander ausbacken. Dazu jeweils ein Brot mit einer Tasse Wasser in den vorgeheizten Backofen schieben. Nach 20 Minuten die Temperatur zurücknehmen und das Brot in 30–40 Minuten zu Ende backen.

Variante
Den Vorteig mit 1 EL Zucker anrühren.

MENGE	2 Laibe
TEIG	500 g Roggenmehl (Type 997 oder Type 945)
	500 g Weizenmehl (Type 1050) oder
	1 kg Dinkelmehl (Type 630)
	2 EL Salz
	500–600 ml Wasser
	1 1/2 Würfel Frischhefe (ca. 65 g)
	4 EL lauwarmes Wasser
	1 EL flüssiger Honig
	100 ml Walnuss-/Baumnussöl oder Sonnenblumenöl
	250 g Walnuss-/Baumnuss- oder Haselnusskerne, grob gehackt
ANFANGSBACKHITZE	
°C	E.- Herd 225 °C Gasherd 4
BACKZEIT	20 Minuten
FERTIG BACKEN	
°C	E.- Herd 200 °C Gasherd 3
BACKZEIT	ca. 30–40 Minuten, Klopftest machen

Memminger Brot

MENGE	2 Kastenformen, ca. 30 cm lang
TEIG	1 kg Weizenmehl (Type 405) 1 Würfel Frischhefe (42 g) 125 g Zucker ca. 1/2 l lauwarme Milch 100 g weiche Butter 8 g Salz 2 Eier 1 Bio-Zitrone, abgeriebene Schale je 60 g Zitronat und Pomeranzenschale, fein gehackt 2 EL Rosenwasser 1 EL Anissamen
ZUM BESTREICHEN	Wasser
°C	E-Herd 180–200 °C Gasherd 3–4
BACKZEIT	20–35 Minuten (je nach Größe der Teigstücke), Stäbchenprobe machen

Aus allen Zutaten einen Hefeteig mit Vorteig (Dämpfle) nach Grundrezept auf Seite 22 zubereiten. Gut durchwalken, bis die Oberfläche glatt ist und der Anis herausfällt. Etwa 20 Minuten gehen lassen.

Den Teig auf einem mit Mehl bestäubten Backbrett etwa 1 cm dick auswellen und mit einem Wasserglas oder Ringausstecher Küchlein ausstechen. Auf die Hälfte zusammenklappen und dicht an dicht in mit Butter ausgefettete Kastenformen setzen.

Oder Kugeln aus dem Teig formen, zu ovalen Scheiben auswellen und in die gefetteten Kastenformen setzen. Die Teigstücke nochmals gut gehen lassen.

Der Länge nach Einschnitte anbringen, damit die Oberfläche etwas aufreißen kann, und die Kastenformen auf den Backrost stellen. Das Memminger Brot im vorgeheizten Backofen hellbraun backen.

Noch warm mit kaltem Wasser bestreichen.

Das Memminger Brot zum Verzehr so dünn wie möglich aufschneiden (ca. 2–3 mm dick) und evtl. im auf 200 °C/Gasherd 3–4 vorgeheizten Backofen wie Zwieback rösten.

Laßt uns nach Schwaben entfliehn! Dort kennt uns niemand;
wir halten uns nach Landes Weise daselbst. Hilf Himmel!
Es findet süße Speise sich da und alles Guten die Fülle:
Hühner, Gänse, Hasen, Kaninchen und Zucker und Datteln,
Feigen, Rosinen und Vögel von allen Arten und Größen;
und man bäckt im Lande das Brot mit Butter und Eiern.

aus „Reineke Fuchs", 6. Gesang, von Johann Wolfgang v. Goethe

Ulmer Brot

Die Freie Reichsstadt Ulm, an einer alten Handelsstraße zwischen Ost und West gelegen, vereinigt in diesem Rezept symbolisch das Rosenwasser (zum Bestreichen) der Donauländer (Osten) mit dem Süßwein „aus Spanien" (Westen), wie es in alten Schriften heißt. Was geographisch nicht ganz korrekt ist, denn bereits im Jahre 1418/19 war die Insel Madeira von Heinrich dem Seefahrer für die portugiesische Krone in Besitz genommen worden.

Einen Hefeteig mit Vorteig (Dämpfle) nach dem Grundrezept auf Seite 22 zubereiten. Den Vorteig gut aufgehen lassen. Dann den Teig auf dem Backbrett kräftig durchwalken und etwa 40–50 Minuten gehen lassen. Drei Kastenformen fetten. Den Teig in etwa 15 Portionen teilen, jede Portion nochmals kräftig durchkneten und Teigkugeln daraus formen. Diese wie zum Memminger Brot zu Ovalen auswellen, zusammenklappen und in die Kastenformen legen. Mit verquirltem Ei bestreichen. Oder den Teig dritteln, in die gefetteten Kastenformen legen und auf der Oberfläche in der Mitte der Länge nach einschneiden. Neben dem Schnitt mit Eigelb bestreichen oder mit Rosenwasser benetzen. Ulmer Brot im vorgeheizten Backofen hellbraun backen. Danach noch warm in Scheiben schneiden und diese noch kurz in der Restwärme des Backofens leicht rösten (bähen).
Oder das Ulmer Brot zunächst 10 Minuten vorbacken, dann die Temperatur zurücknehmen und das Gebäck in etwa 15–20 Minuten fertig backen.

Varianten
2 EL Fenchel- oder Anissamen zum Teig geben und längliche Wecken oder Brote formen. Auf ein gebuttertes Blech legen, das Ulmer Brot mit zerlassener Butter bestreichen und backen.

Ulmer Zuckerbrot
Noch 150 ml Madeira und 2 EL Rum zum Teig geben. Zusätzlich zur Butter noch 1 EL Schmalz einarbeiten.

MENGE 3 Kastenformen, ca. 25 cm lang

TEIG 1 kg Weizenmehl (Type 405)
1 Würfel Frischhefe (42 g)
180 g Zucker
80 g Butter
2 Eier
ca. $1/4$–$1/2$ l lauwarme Milch
$1/2$ Bio-Zitrone, abgeriebene Schale
1 Prise Salz
2 EL Anissamen
$1/2$ TL Muskatblüte, gemahlen
1 TL Kardamom, gemahlen
$1/2$ TL Piment, gemahlen

ZUM BESTREICHEN
1 verquirltes Ei
oder Rosenwasser

°C E-Herd 180–200 °C
Gasherd 3–4

BACKZEIT 30–40 Minuten

ODER MIT VORBACKEN
°C E-Herd 220 °C
Gasherd 4,
dann E-Herd 175 °C
Gasherd 2–3

BACKZEIT 10 Minuten vorbacken, dann noch 15–20 Minuten, Stäbchentest machen

Alte Schriften besagen, dass im Mittelalter das Zuckerbrot sogar gegen die Pest empfohlen wurde; anstatt Weizenmehl wurde Dinkel verwendet.

Originalrezept aus dem „Oeconomischen Handbuch für Frauenzimmer – Neues Kochbuch oder geprüfte Anweisung zur schmackhaften Zubereitung der Speisen, des Backwerks, der Confituren, des Gefrornen und des Eingemachten" von F.J. Löffler (erschienen 1817 bei Joh.Fried.Steinkopf, Stuttgart):

ULMERBROD

„Man nimmt 2 hiesige Meßlen* oder zwey Pfund feines Mehl, macht die Hälfte davon mit 2 Eßlöffeln voll guten dicken Hefen und einem Schoppen Milch an, lässt es bey gelinder Wärme so lang gehen, bis es in der Mitte wieder einfällt, nimmt hierauf 3 große Esslöffel voll, oder wenn man es süßer haben will, ein Viertelpfund gestoßenen Zucker, eine halb am Reibeisen abgeriebene Zitronenschale, nach Belieben Anis, 3 Esslöffel voll Rosenwasser, 2 Loth Pomeranzenschalen und ebensoviel Zitronat, beydes fein geschnitten dazu, verrührt ein Ey mit einer welschen Nuß groß zerlassener Butter, thut es nebst dem übrigen Mehl und soviel Milch, als zur Festigkeit des Taigs nöthig ist, auch dazu, und schafft es recht durcheinander, dass es einen festen Taig gibt. Nun wird dieser auf ein Nudelbrett genommen, so lang gewürgt, bis der Anis anfängt, herauszufallen, zu einem oder 2 länglichen runden Boden gemacht, auf ein mit Mehl bestreutes Blech gelegt, wenn es noch einmal gegangen ist, ein Schnitt oben der Länge nach darein gemacht, und in einem nicht zu heißen Ofen schön gelb gebacken. Sollte der Taig nicht fest genug sein, so darf wohl noch etwas mehr Mehl genommen werden. – Wenn man dieses Brod am anderen Tage zu Schnitten, dieselben auf einem Rost gelblich röstet, so können sie sehr lang aufgehoben werden; auch kann man sie im Ofen gelb rösten."

* Ein solches Meßlen ist der 16te Theil eines Würtemb. Simri.

Rohling im Backkorb

Frisch aus dem Backhaus-Ofen: Brot und Brezeln

Ulmer Brot, Rezept Seite 53

Vollkornwecken

MENGE	15–16 Stück
TEIG	1 Würfel Frischhefe (42 g) oder 1½ P. Trockenbackhefe ⅛ – ¼ l lauwarmes Wasser, je nach Mehlbeschaffenheit 30 g Butter oder Margarine ½–1 TL Salz, nach Geschmack 1 Prise Zucker je 100 g Weizenmehl (Type 1050) und Weizenschrot 300 g Roggenmehl (Type 1370)
°C	E-Herd 200–225 °C Gasherd 3–4
BACKZEIT	ca. 25–30 Minuten

Einen Hefeteig mit Vorteig nach Grundrezept I, Seite 22, zubereiten. Den Teig gut gehen lassen. Eine Wurst formen, davon gleichgroße Stücke abschneiden und zu Wecken (Brötchen) formen. Die Brötchen leicht mit Mehl bestäuben, evtl. oben überkreuz einschneiden, auf ein gefettetes Blech legen, nochmals ca. 30 Min. gehen lassen. Im vorgeheizten Backofen auf der mittleren Schiene backen.

Tipp
Die Teigkugeln mit Abstand auf das Blech legen – lieber hintereinander 2 Bleche backen. 1 Tasse Wasser mit in den Backofen stellen.

Variante
Sonnenblumenkerne oder Kürbiskerne mit in den Teig arbeiten.

Gefüllte Vollkornweckle
Die Wecken an der Oberseite füllen: Aus gehackten Nüssen, Kernen etc. vermischt mit Eigelb, etwas Milch, Käse und Gewürzen eine Masse rühren; die Brötchen oben einritzen, etwas auseinanderziehen, die Masse einfüllen und die gefüllten Weckle backen.

1 · Brötchen formen.
2 · Brötchen überkreuz einschneiden.

Kümmelwecken

Den nach dem Grundrezept I, Seite 22, zubereiteten Hefeteig auf einem mit Mehl bestäubten Backbrett zu einer langen Wurst rollen und zehn bis zwölf gleichmäßige Stücke abschneiden. Runde Wecken (Brötchen) daraus formen, auf ein gefettetes Backblech setzen und ca. 30 Min. gehen lassen. Jedes Weckle über Kreuz einschneiden, in die Öffnung ein Butterflöckchen geben, mit verquirltem Ei bestreichen, Salz und Kümmel darüber streuen und im vorgeheizten Backofen auf der mittleren Schiene backen.

Genetzte Wecken

Mehl in eine Schüssel sieben, in die Mitte eine Mulde drücken. Hefe in einem Teil des Wassers mit dem Zucker auflösen, in die Mulde geben und mit etwas Mehl vermischen. Salz auf den Mehlrand streuen. Vorteig etwa 20 Minuten gehen lassen. Dann alles mit dem restlichen Wasser zu einem weichen Teig verarbeiten. Die Schüssel mit einem Tuch bedeckt etwa 1 ½-2 Stunden an einen warmen zugfreien Ort stellen. Den Teig während der Ruhezeit ein- bis zweimal durchkneten. Mit angefeuchteten Händen kleine Teigstücke abnehmen, rund formen und auf ein mit Backpapier belegtes Blech setzen und mit Wasser bestreichen. Im vorgeheizten Backofen auf der mittleren Schiene knusprig backen.

Mürbe Wecken
Den Vorteig mit 50 g Frischhefe und 1 EL Zucker anrühren. Statt Wasser Milch verwenden und noch zusätzlich 30 g Butter zugeben.

MENGE	10–12 Stück
TEIG	20 g Frischhefe oder ½ P. Trockenbackhefe ca. ⅛ l lauwarme Milch 300 g Weizenmehl (Type 550 oder 1050) 75 g Butter oder Margarine 1 Ei 1 Prise Salz
ZUM BELEGEN UND BESTREICHEN	Butterflöckchen 1 Ei, verquirlt etwas Salz 1 EL Kümmel
°C	E-Herd 200–225 °C Gasherd 3–4
BACKZEIT	ca. 20–30 Minuten

MENGE	30–40 Stück
TEIG	1 kg Weizenmehl (Type 405) 1 Würfel Frischhefe (42 g) 1 Prise Zucker 1 EL Salz ca. ¼ – ⅜ l lauwarmes Wasser, evtl. etwas mehr, je nach Mehlbeschaffenheit
°C	E-Herd 225 °C Gasherd 4
BACKZEIT	ca. 25–30 Minuten

Seelen

MENGE	6–8 Seelen, je nach Größe
TEIG	1 kg Weizenmehl (Type 550) 1 EL Salz 50 g Frischhefe ½ – ¾ l Wasser (17 °C) grobes Salz und Kümmel zum Bestreuen
°C	E-Herd 250 °C Gasherd 5
BACKZEIT	ca. 25 Minuten

ANMERKUNG
Der katholische Schwabe sagt „Seelen", die Betonung liegt auf dem e. Der evangelische, bzw. pietistische sagt: „Säälen" – und das bezeichnet mitnichten die geistigen Seelen, sondern das oben beschriebene salzige Gebäck.
Es gibt aber auch hier wieder eine Variante. Diese Seelen werden aus gesüßtem Hefeteig mit Zibeben, gefüllt mit Gsälz und mit Zuckerguss überzogen, hergestellt.

Das typische Totenbrot im Schwabenland sind die „Seelen", auch Seelenprügel oder Seelenstutz genannt. Das Wort „Seele" soll ursprünglich das nicht richtig ausgebackene Brotinnere bezeichnet haben. In der Bäckersatzung heißt es dazu: „Bretzeln sollen keine Seele (Teigfülle) haben."
Seelen wurden früher zu Allerseelen traditionell als „Speise" auf die Gräber der Toten gelegt. Aber sie wurden auch an Bedürftige und Verwandte verteilt. Das mit Kümmel bestreute Gebäck aus Weckenteig, das ursprünglich aus Wangen stammen soll, erfreut sich auch heute noch großer Beliebtheit. Im Schwäbischen wurde der Teig früher gezuckert, bekannt als „Zuckerseelen". Mit Eiweiß bestrichen und zu Ringen geformt, nannte man das Gebäck auch „nackende Seelen".

Das Mehl mit dem Salz in eine große Backschüssel geben, in die Mitte eine Mulde drücken und die mit etwas Wasser angerührte Hefe sowie das restliche Wasser hineingeben. Alles zu einem geschmeidigen Teig verkneten, diesen mit etwas Mehl bestäuben und mit einem Tuch zudecken. Den Teig an einem warmen, zugfreien Ort 50–60 Min. aufgehen lassen, bis er etwa die doppelte Größe erreicht hat und die Mehldecke aufgesprungen ist (je kälter das verwendete Wasser ist, desto länger muss der Teig gehen und während dieser Zeit zweimal kräftig durchgearbeitet werden).
Den Teig zu einem Rechteck von ca. 3 cm Dicke formen und auf ein nasses Blech legen. An einem zugfreien Platz nochmals 35 Minuten gehen lassen. Nun mit einem Teigschaber Stücke von ca. 25 cm Länge und ca. 125–150 g Gewicht abstechen, auf ein heißes Blech legen, mit Salz und Kümmel bestreuen und das Blech sofort auf der mittleren Schiene in den vorgeheizten Backofen schieben. Die Seelen zu schöner Farbe backen.

Variante
Noch 30 g Backmalz zum Teig geben und die Seelen nur etwa in einer Länge von 10 cm abstechen.

Laugenbrezeln

Bis zu Beginn des 20. Jahrhunderts war die Brezel ein Gebäck, das vom „Brezelbäck" hergestellt und verkauft wurde. Erst später hielt das Rezept Einzug in die Privathaushalte. Die Lauge holen heute noch viele Hausfrauen vom Bäcker.
Schwäbische und bayerische Brezeln/Brezn unterscheiden sich wie folgt: Die erstgenannten haben einen dicken „Bauch", der eingekerbt wird, und die geschlungenen Enden sind dünner und nach dem Backen knusprig, der Bauch hingegen weich. Die bayrischen Brezn werden aus einem gleichmäßig dicken Strang geformt und sind härter, man kann auch sagen „resch" (rösch).
Siehe auch Text Seite 206.

MENGE	18–20 Stück
TEIG	25 g Frischhefe oder 1 P. Trockenbackhefe eventuell 5 g Backmalz (vom Bäcker) ca. 1/8 l lauwarmes Wasser, evtl. auch etwas mehr, je nach Mehlbeschaffenheit 500 g Weizenmehl (Type 405) 1 EL Butter, besser Schmalz ½ TL Salz 1/8 l Lauge (vom Bäcker) Wasser zum Verdünnen grobes Salz zum Bestreuen
°C	E-Herd 200–220 °C Gasherd 3–4
BACKZEIT	ca. 30 Minuten

Einen festen Hefeteig mit Vorteig, siehe Seite 22, kneten, etwa 30 Minuten gehen lassen. Auf einem mit Mehl bestäubten Backbrett den Teig zu einer langen Wurst rollen und in 18 bis 20 gleichmäßige Stücke schneiden. Jedes Stück mit dem Handballen zu einer Länge von ca. 50 cm ausrollen. Die Enden sollen auf je 15 cm Länge kaum bleistiftdünn sein (damit sie knusprig werden), die Mitte der Rolle soll doppelt so dick sein. Dann zu Brezeln schlingen und auf dem Backbrett in der Wärme gehen lassen.
Wenn sich die Brezeln weich und voll anfühlen, das Brett mit den Brezeln in kühle Zugluft stellen (am besten ins Freie), bis die Brezeln abgestanden sind, d.h. die Oberfläche hart geworden ist. Jede Brezel einzeln in die 1 : 8 mit Wasser verdünnte Lauge tauchen, am „Bauch", der dicken Seite einen Einschnitt machen, mit Salz bestreuen und die Brezeln mit etwas Abstand auf ein gefettetes Backblech setzen. Die Brezeln im vorgeheizten Backofen auf der untersten Schiene backen.
Auf einem Gitter auskühlen lassen. Frische Brezeln mit Butter schmecken unvergleichlich gut!

Tipp
Eine sparsame Hausfrau verarbeitet übrig gebliebene Brezeln zu Brezelknödel oder zu einer Brezelsuppe.

Frisch geschlungene Brezel

*Der Schwaben Klugheit? Dieses Rätsel,
die Lösung heißt: Die Laugenbrezel.
Schon trocken gibt dem Hirn sie Kraft,
Mit Butter wirkt sie fabelhaft,
erleuchtet mit der Weisheit Fackel,
noch das Gehirn vom größten Dackel!*

Manfred Rommel

1 · Die Teigstränge zur Mitte hin dicker rollen.
2 · Brezeln schlingen, die Enden fest andrücken.
3 · Die Brezeln mit verdünnter Lauge bestreichen.

Vorbereitete Seelen

Dätschet, Rezept Seite 65

Pikante Kuchen und Pasteten

Blatz, Rezept Seite 70

Pikante Kuchen und Pasteten

Zum Erntedankfest und zur Kirchweih gab und gibt es traditionell viel Kuchen – das kennt man aus vielen ländlichen Gegenden in Deutschland. Im Schwabenland gibt es nicht nur süße, sondern regional unterschiedlich bezeichnet und belegt, viele pikante Kuchen: Zwiebelkuchen, Speckkuchen, Rahmblatz, Feuerreiter usw. Oft werden diese Kuchen oder Fladen an Festen noch im Backhaus gebacken. Sie werden zunächst ohne Belag dorthin gebracht und „vor Ort" belegt und gebacken und noch warm gegessen.

Bei den nachfolgenden Rezepten ist die Einschubhöhe jeweils vermerkt. Der Sauerrahm sollte einen Fettgehalt von mindestens 28% haben.

Im Anschluss folgen zur Vollständigkeit noch zwei Pastetenrezepte. Pasteten wurden früher häufig als Zwischengang zu Festessen gereicht und sind vermutlich aus der französischen Küche ins Schwäbische gekommen (auch wenn diese Idee bereits in der altgriechischen und römischen Küche auftaucht).

Feuerreiter vom Blech

MENGE	4 Fladen, ca. 25 cm lang
TEIG	Hefeteig III, Grundrezept, Seite 24
FÜLLUNG	2 Eier 1 Becher Sauerrahm (200 g) 20 g Mehl 100 ml Milch Salz
ZUM DARÜBERSTREUEN	150 g Rauchfleischwürfel, nach Belieben auch mehr Kümmel evtl. Schnittlauch
°C	E-Herd 220–250 °C Gasherd 4–5
BACKZEIT	zuerst mittlere Schiene 10 Min., dann oberste Schiene weitere 10 Min.

Feuerreiter gab es ursprünglich am Backtag der Bäuerinnen. Weil sie an diesem Tag mit Backen, vorzugsweise mit Brotbacken, beschäftigt waren, mussten sie ein Essen zubereiten, das nebenbei einfach herzustellen war. Aus dem Holzbackofen wurde die Glut herausgenommen, sodann der Feuerreiter sehr schnell ausgebacken. Der Ofen wäre zum Einschießen des Brotes noch zu heiß gewesen, und diese Zeit wurde zum Backen der Feuerreiter genutzt.

Die Zutaten für den Teig gut zusammenkneten und 30–40 Minuten gehen lassen. Auf Backpapier vier längliche Fladen auswellen und rundherum einen Rand formen. Die Zutaten für die Füllung gut miteinander vermischen und über die Böden geben. Backtrennpapier mit je zwei Feuerreitern auf ein Blech legen und nacheinander im vorgeheizten Backofen zuerst 10 Minuten auf der mittleren Schiene, dann weitere 10 Minuten auf der obersten Schiene knusprig backen.

Dätschet, Dätscher

Den Hefeteig nach Grundrezept, Seite 22, zubereiten – er sollte etwas weicher als für Weißbrot sein – und 15–20 Minuten zugedeckt an einem warmen Platz gehen lassen. In 6 gleichgroße Kugeln zerteilen und diese nochmals 15 Minuten gehen lassen.
Für den Guss den Sauerrahm mit dem Ei und der Speisestärke gut verquirlen, den fein geschnittenen Schnittlauch, das Salz und falls gewünscht, die Schweinebauchwürfel unterrühren.
Die Teigstücke auf Bleche setzen und mit der Hand zu handtellergroßen Stücken breitdrücken (dätschen). Die Mitte etwas vertiefen, so dass außen ein dünner Rand entsteht. In die Vertiefung den Guss geben und von der Vertiefung aus gleichmäßig flach auf der „Dätschet" verteilen. Die Dätschet nochmals 10–15 Min. gehen lassen. Butter in kleinen Flocken darauf verteilen und im vorgeheizten Ofen auf der obersten Schiene schnell herausbacken.
Die Dätschet wird frisch aus dem Ofen serviert. Am besten passt Most oder auch neuer Wein (Sauser/Suser) dazu.

Im Süden und Südwesten Deutschlands, wie auch im Grenzgebiet zu Frankreich und der Schweiz, sind pikante Fladen und Kuchen äußerst beliebt und unter diversen Namen bekannt. Sie werden zu Backhausfesten, zur Kirbe oder Weinfesten und vielen anderen Gelegenheiten gebacken. Der Belag variiert je nach Gegend, Geldbeutel und Überlieferung. Weitere Bezeichnungen sind z. B. Deie, Blooz, Datsche, Dinnele, Dinnette/Dünnette, Scherrkuchen, Wehe/Wähe.

MENGE	6 Stück
TEIG	500 g Weizenmehl (Type 405)
	20 g Frischhefe oder
	1 P. Trockenbackhefe
	80 g Butter
	½ TL Salz
	ca. ¼ l lauwarmes Wasser oder lauwarme Milch
GUSS	250 ml dicker Sauerrahm mit hohem Fettgehalt
	1 Ei
	1 EL Speisestärke
NACH BELIEBEN	1 Bund Schnittlauch
	1 Prise Salz
	100 g ausgelassene, geräucherte Schweinebauchwürfel
ZUM BELEGEN – NACH BELIEBEN	60 g Butter
°C	E-Herd 250 °C
	Gasherd 5
BACKZEIT	ca. 18–20 Minuten, oberste Schiene

Salzkuchen

TEIG	Leichter Hefeteig II, Grundrezept, Seite 24, mit 1 Prise Zucker oder Hefeteig III, Seite 24
BELAG	1–2 Bund Schnittlauch Grün von 2–3 Lauch-/Frühlingszwiebeln (Dünnröhrle) 1 TL Salz 2 TL Kümmel 250 g kleine Grieben 6 EL fein gehackte, in Schmalz gedünstete Zwiebeln
GUSS	je 1/8 l süßer Rahm und Sauerrahm 30 g flüssige Butter
°C	E-Herd 200–225 °C Gasherd 3–4
BACKZEIT	ca. 35–40 Minuten

Den Hefeteig zubereiten und gut gehen lassen. Ein Kuchenblech mit hohem Rand fetten und den Teig dünn ausgewellt hineinlegen, nochmals gehen lassen. Den Schnittlauch und das Grün der jungen Zwiebeln sehr fein schneiden, auf dem Teig verteilen und mit Salz und Kümmel bestreuen. Die Grieben mit den Zwiebelstückchen vermischen und auf den Kuchen geben. Für den Guss den Rahm mit der flüssigen Butter verrühren und über den Belag gießen. Den Salzkuchen im vorgeheizten Backofen auf der mittleren Schiene backen. Evtl. 10 Min. vor Ende der Backzeit die Oberfläche mit Alufolie oder Pergament bedecken, damit der Kuchen nicht zu dunkel wird.

Den Kuchen sofort nach dem Backen in nicht zu große Stücke schneiden und noch warm servieren.

Dünnröhrles-Kuchen/Dünnet[*]

Für den Belag 2 Eier verquirlen, dann das fein geschnittene Grün von etwa 8 Lauchzwiebeln oder frische Zwiebelschlotten (Dünnröhrle), 1 TL grobes Salz, 1 Prise Pfeffer sowie 150 g fein gehackte und in Schmalz gedünstete Zwiebeln oder Speckwürfel auf den Kuchen geben. Wer es herzhafter liebt, kann noch festen Kräuterkäse darüber reiben.

[*] In Oberschwaben wird der Hefeteigfladen Dünnet genannt.

1 · Das gefettete Blech mit dem Teig auslegen.
2 · Den Rahmguss über den Belag gießen.

1

Kartoffelkuchen

Einen Hefeteig nach Grundrezept, Seite 22, herstellen, gut gehen lassen und auf einem gefetteten Backblech so ausrollen, dass ein hoher Rand geformt werden kann. Die gekochten, noch heißen Kartoffeln schälen und durch die Kartoffelpresse drücken. Mit Butter, den Gewürzen, kalter Milch und Rahm sowie den Eiern zu einem nicht zu dünnen Kartoffelbrei (Kartoffelstock) anrühren (evtl. mit Kümmel würzen). Die Zwiebeln feinwürfelig schneiden und im Schmalz goldgelb anlaufen lassen. Nun zuerst die Zwiebelwürfel und evtl. die Grieben, dann den Kartoffelbrei auf den Teigboden streichen. Den Kartoffelkuchen im vorgeheizten Backofen auf der mittleren Schiene zu schöner Farbe backen.

Kartoffelkuchen mit Ei-Rahm-Guss

Den Teig aus halb Weizen- und halb Roggenmehl herstellen. Die Kartoffeln am Vortag kochen; dann die Schale abziehen, die Kartoffeln reiben, mit Salz, Pfeffer und Muskat würzen und mit 3 Eigelb, 2 Bechern Sauerrahm (à 200 g) sowie 3, zu steifem Schnee geschlagenen Eiweiß vermischen. Ein tiefes Backblech mit Backpapier belegen oder leicht mit Mehl bestäuben, den Teig dünn ausgerollt darauf legen, den Rand etwas hochziehen und die Füllung auf den Teigboden streichen. Einen Teigrand von etwa 2 cm außen herum frei lassen. Mit 200 g Grieben* bestreuen und backen wie oben.

TEIG	25 g Frischhefe
	ca. 1/8 l lauwarme Milch
	350–375 g Weizenmehl (Type 405)
	80 g Schmalz
	1 Prise Salz
	evtl. 1 Ei
BELAG	1 kg mehlig kochende Kartoffeln – im Schwäbischen z.B. „Grombira" oder „Eibira" (Erdbirnen) genannt
	20 g Butter
	je 1 Prise Salz und Muskat
	je 1/8 l Milch und Sauerrahm (je nach Stärkegehalt der Kartoffeln etwas mehr oder weniger)
	2 Eier, verquirlt
	evtl. 2 TL Kümmel
	2 mittelgroße Zwiebeln
	Schmalz zum Dünsten
	200 g Grieben* (nach Geschmack)
°C	E-Herd 200–225 °C
	Gasherd 3–4
BACKZEIT	ca. 35–40 Minuten

*Grieben heißen die kleinen Speckwürfel, die beim Aussieden von Schweineschmalz anfallen. Grieben gehören in die Blut-/Griebenwurst; man kann sie auf Brot mit etwas Salz essen. Früher wurden sie zu Mus und Brei gegeben.

2

Zwiebelkuchen, Rezept Seite 72

Krautblatz

TEIG	Hefeteig III, Grundrezept, Seite 24
BELAG	1 kleiner Weißkrautkopf (ca. 1,2 kg) 1 EL Salz 100 g durchwachsener Speck 250 ml Sauerrahm 3 EL Speisestärke Salz frisch gemahlener Pfeffer
°C	E-Herd 200–225 °C Gasherd 3–4
BACKZEIT	ca. 45–50 Minuten

Die Bezeichnung „Blatz" (manchmal auch „Platz") soll aus dem lateinischen „placenta" = Kuchen hervorgegangen sein. Auch der „Blätz", der Flicken, der auf ein Loch im Gewand genäht wird, soll Pate gestanden haben.
Für diese Art pikante Fladen, vergleichbar auch der Pizza oder anderen flachen Kuchen, gibt es regional sehr unterschiedliche Bezeichnungen: z. B. Dünnet oder Dünneten, Wäh(e), Blootz, Hitzkuacha, um nur einige zu nennen. Die Verwandtschaft mit dem elsässischen Flammekueche ist unverkennbar.

Den gegangenen Hefeteig dünn auswellen und auf ein gefettetes Backblech legen, dabei einen Rand hochziehen (oder eine runde Backform wählen, auch hier den Rand hochziehen). Auf dem Backblech solange gehen lassen, bis der Belag fertig ist.
Weißkraut halbieren, waschen, den Strunk ausschneiden, das Kraut hobeln und anschließend noch feiner schneiden (dicke Blattrippen entfernen). Salzen und etwa 15 Minuten stehen lassen. Dann gut ausdrücken. Speck in Würfel schneiden, in einer großen Pfanne auslassen und das Kraut darin etwa 10 Minuten hell andünsten. Sauerrahm mit Speisestärke verquirlen, würzen, mit dem angedünsteten Kraut vermischen und auf den Teig geben. Den Krautblatz im vorgeheizten Backofen auf der mittleren Schiene backen.

Sauerkrautblatz
Für den Belag: 1 große Zwiebel hacken, in Schmalz andünsten und mit etwa 400 g vorgegartem, gut ausgedrücktem Sauerkraut vermischen (das Sauerkraut etwas kleiner schneiden). Auf dem Teig verteilen. Für den Guss 3 Eier mit $1/8$ l Sauerrahm, 5 EL Mehl und evtl. 3–4 EL Milch verquirlen und mit Salz und Pfeffer würzen, über das Kraut gießen und backen wie oben.

Speckkuchen
mit Weckteig

Der Speckkuchen mit Weckteig ist ein gutes Beispiel für die Sparsamkeit, aber auch den Einfallsreichtum einer schwäbischen Hausfrau. Eier, Butter und Speck sind immer im Haus – und alte Weckle finden sich auch oft – oder der „Bäck" verkauft sie billiger.

Die Wecken in feine Scheiben schneiden. Mit der Milch übergießen und durchziehen lassen.
Die Eigelbe mit der Butter schaumig rühren, mit der Semmelmasse vermischen. Eiweiß mit Salz steif schlagen, unter die Eigelb-Semmelmasse heben.
Ein Backblech fetten und leicht mit Mehl bestäuben, die Semmelmasse darauf verteilen, mit einem feuchten Backspatel glätten. Die Speckwürfel, Salz und Kümmel darüber streuen, mit Butterflöckchen belegen. Im vorgeheizten Backofen auf der mittleren Schiene hellgelb ausbacken.

Speckkuchen mit Ei-Rahm-Guss
Einen Guss aus ¼ l Sauerrahm, 2 verquirlten Eiern, Salz und Kümmel anrühren und mit Speckwürfeln vermischt auf der Teigplatte verteilen. Backen wie oben.

TEIG	6 altbackene Wecken (Brötchen, Semmeln) oder 3 Doppelwecken ¼ – ⅜ l heiße Milch 4 Eier, getrennt 60 g weiche Butter ½ TL Salz
BELAG	300 g Speckwürfel 1 Prise Salz 1 TL Kümmel 40 g Butterflöckchen
°C	E-Herd 200 °C Gasherd 3
BACKZEIT	ca. 30 – 40 Minuten

Zwiebelkuchen

Von der Schwäbischen Gastrologie

… Schwôbe derf mr et dô sucha,
Wo bloß 's Geld gilt ond 's schö Häs;
Schwobe send wie Zwiebelkucha:
Schmackhaft, aber a bißle räs!

Für die Füllung die Zwiebeln schälen, klein schneiden und mit dem in Würfel geschnittenen Speck oder den Grieben in der Butter glasig dämpfen. Das Mehl mit dem Rahm glatt rühren, Eigelb, Salz, Kümmel und die etwas abgekühlten Zwiebeln untermischen, den steifen Eischnee leicht unterziehen.
Den Mürbeteig oder den gut gegangenen Hefeteig etwa 4 cm größer als die Form auswellen. Dann in eine gefettete Zwiebelkuchen- oder Tarteform legen und den Rand etwas hochziehen und gut andrücken. Die Füllung auf der Teigplatte gleichmäßig verteilen und Butterflöckchen aufsetzen. Im vorgeheizten Backofen auf der mittleren Schiene backen. Zwiebelkuchen schmeckt nur warm!

Zwiebelkuchen ist eine Spezialität im Herbst. Zur „Kirbe" (3. Sonntag im Oktober) bekommt man ihn frisch und duftend an vielen Orten.

FORM Zwiebelkuchen- oder Tarteform 28 cm ⌀

TEIG Mürbeteig II, Seite 29, ohne Zucker, mit 2 EL Weißwein, oder leichter Hefeteig, Seite 24

FÜLLUNG
1 kg Zwiebeln
60–80 g Räucherspeck oder Schmalzgrieben
30 g Butter oder Butterschmalz
50 g Weizenmehl (Type 405)
¼ l Sauerrahm / saure Sahne
2 Eier, getrennt
Salz
1 EL Kümmel

ZUM AUFSETZEN
Butterflöckchen

°C E-Herd 180–200 °C
Gasherd 3–4

BACKZEIT ca. 45–55 Minuten

TIPP
Von der Sahne-Ei-Mischung etwas zurückbehalten und zuletzt über die Zwiebelfüllung gießen. Die Oberfläche des Kuchens sieht dann schön gebräunt aus.

1 · Den Mürbeteig mit Hilfe des Wellholzes in die Form legen.
2 · Die Füllung auf der Teigplatte gleichmäßig verteilen und mit dem Guss bedecken (Abbildung Lauchkuchen, Rezeptvariante).

1

Schwarzwälder Speckkuchen

Belag: 250 g Speckwürfel vom Schwarzwälder Speck, mit 1 Stange Lauch und 1 Zwiebel, beide fein gehackt, vermischen und andünsten; abkühlen lassen. Aus 200 ml süßem Rahm, 2–3 Eiern, 1 Prise Salz und Pfeffer sowie 125 g geriebenem Bergkäse einen Guss rühren. Zuerst die Speckwürfel-Mischung auf dem Kuchenboden verteilen, dann den Guss darüber gießen und backen wie den Zwiebelkuchen.

FORM UND TEIG WIE ZWIEBELKUCHEN

Lauchkuchen

Für den Belag 5–6 mitteldicke Stangen Lauch putzen, grüne grobe Außenblätter entfernen, Stangen gut waschen und in Ringe schneiden. Mit 250 g gewürfeltem gekochtem Schinken in etwas Fleischbrühe etwa 8 Min. dünsten. Mit Salz, Pfeffer und Muskat abschmecken. Die Flüssigkeit abgießen. Den Belag auf dem Teig verteilen und mit einem Guss – wie zum Schwarzwälder Speckkuchen – bedecken und backen wie oben.

FORM UND TEIG WIE ZWIEBELKUCHEN

Rahmblatz

TEIG	Hefeteig III, Grundrezept ohne Butter, aber mit 1 Ei, Seite 24
BELAG	2–3 Eier 200 ml Sauerrahm 100 ml dicker süßer Rahm 1–2 EL Weizenmehl (Type 405) oder Weizenschrot 1 EL zerlassene Butter ½ TL Salz
NACH BELIEBEN	Schnittlauchröllchen oder Kümmel
°C	E-Herd 200 °C Gasherd 3
BACKZEIT	ca. 30 Minuten

Den Hefeteig nach dem Rezept für Blatz zubereiten, jedoch noch ein Ei mit einarbeiten. Dann gut gehen lassen und anschließend dünn auswellen, den Rand etwas hochziehen. Auf ein gefettetes Backblech legen. Für den Belag die Eier mit saurem und süßem Rahm verquirlen, alle übrigen Zutaten einrühren und auf dem Hefeteigboden verteilen. Im vorgeheizten Backofen auf der mittleren Schiene backen. Eventuell nach der Hälfte der Backzeit auf die obere Schiene schieben.

Den Blatz frisch aus dem Ofen servieren. Ein gutes Viertele passt ebenso dazu wie ein räser Moscht.

Der Blatz heißt in manchen Gegenden „Salzkucha" (siehe Seite 66).

Variante
Unter den Belag Grieben oder ausgelassene Speckwürfel mischen.

Allgäuer Käsfladen

Die kulinarischen Grenzen zwischen dem bayerischen und dem Württemberger Allgäu sind „fließend". Auch Verwandtschaft mit der nahe gelegenen Schweiz und Vorarlberg gibt es.

Aus den Zutaten rasch einen Mürbeteig, Grundrezept Seite 28, zusammenfügen und 30 Minuten kalt stellen. Den Teig zwischen Klarsichtfolie dünn auswellen. Die Teigplatte sollte ca. 28 cm ⌀ haben. In die Form gleiten lassen, den Rand einmal einschlagen und mit den Fingern gut andrücken. Den Boden mit einer Gabel einige Male einstechen.

Für den Belag den Käse mit den Eiern, dem Rahm, der Speisestärke und soviel Salz und Pfeffer wie gewünscht – das hängt auch von der Schärfe des Käses ab – verquirlen. Auf den Boden streichen und den Kuchen im vorgeheizten Backofen (mittlere Einschubleiste) zu schöner Farbe backen.

FORM	Tarteform 24 cm ⌀
TEIG	150 g Mehl 60 g Butterschmalz 3–4 EL kaltes Wasser ½ TL Salz
BELAG	250 g Allgäuer Bergkäse, gerieben 2 kleine Eier, verquirlt 200 g Sauerrahm oder Schmant 2 EL Speisestärke Salz frisch gemahlener Pfeffer
°C	E-Herd 200 °C Gasherd 3
BACKZEIT	ca. 35–40 Minuten

Schinkenpastete

TEIG	650 g salziger Mürbeteig, Grundrezept Seite 28
FÜLLUNG	200 g ungeräucherter Speck, gut gekühlt 400 g mageres Schweinfleisch, gut gekühlt; alternativ je 200 g Schweine- und Kalbfleisch 1–2 Eier 1 TL Salz 5 g Pastetengewürz 2 TL Weinbrand oder Madeira 2 Brötchen, eingeweicht 2 EL Zwiebel, gehackt 2 EL Petersilie, gehackt 1 EL Butter
EINLAGE	180 g gekochter Schinken in Scheiben
ZUM BESTREICHEN	1 Eiweiß 1 Eigelb
°C	E-Herd 200 °C Gasherd 3
BACKZEIT	ca. 60–70 Minuten

TIPP
Es ist ratsam, die Oberfläche mit einem befeuchteten, starken Pergamentpapier zu bedecken; kocht das Fett darunter klar herauf, ist die Pastete gar.

Den Teig ½ cm dick auswellen, eine gut gefettete Kastenform oder feuerfeste Form zur Probe leicht darauf drücken und dadurch die Größe bestimmen. Den angedeuteten Teigboden etwas größer als die Form ausrädeln und so einlegen, dass außer dem Boden auch die Seiten bedeckt sind und noch ein 1–2 cm breiter Rand übersteht; von dem übrigen Teig einen Deckel und Verzierungen ausstechen.

Speck und Fleisch, gut gekühlt, durch die feine Scheibe des Fleischwolfs treiben. Mit Eiern, den Gewürzen und dem Alkohol vermischen. Die eingeweichten Brötchen ausdrücken und klein zupfen. Zusammen mit gehackter Zwiebel und Petersilie in Butter andünsten und abkühlen lassen. Zur Farce geben, gut vermischen und fingerdick in die Form füllen, dabei ringsum einen 2 cm breiten Rand frei lassen. Die Schinkenscheiben im Wechsel mit der Fülle darauflegen.

Den überstehenden Rand ringsum mit Eiweiß bestreichen, den Teigdeckel über das Ganze breiten, den überstehenden Rand einschlagen und beide Teile durch Einkerben mit einer Pasteten- oder Zuckerzange miteinander verbinden. Die Teigverzierungen obenauf setzen, aus dem Pastetendeckel 1 oder 2 kleine Öffnungen ausstechen und gefettete Papierröhrchen für den abziehenden Dampf hineinstecken. Die Pastete mit Eigelb überpinseln, im vorgeheizten Backofen hellbraun backen und warm oder kalt servieren.

Pilzpastete

Die Pasteten waren eine beliebte Speise bei den Römern. Sie bestanden aus einem Brotteig, der mit Gemüse, Fleisch oder Fisch, Meerestieren u. a. gefüllt wurde. Später verfeinerten die Italiener Fülle und Hülle und brachten schließlich die Pasteten nach Frankreich. Hier wurden auch Riesenpasteten, aus denen Menschen sprangen und ähnliche Geschmacklosigkeiten daraus. In Bayern sind die Pasteten bereits im 16. Jahrhundert belegt – ins Schwäbische kamen sie vermutlich erst im 19. Jahrhundert.

Speck und Schalotten fein würfeln, in Butterschmalz auslassen. Pilze gut putzen (nicht waschen), grob zerkleinern, etwa 5 Min. mitdünsten, dann abkühlen lassen. Schweinemett, Brät, abgekühlte Pilzmasse und gehackte Petersilie gut vermischen, würzig abschmecken. Mürbeteig halbieren, jede Hälfte zu einer großen ovalen Platte auswellen. Eine Teigplatte auf ein gefettetes Backblech legen, Pilzfarce hügelartig daraufgeben und ringsum einen Randstreifen frei lassen. Rand mit Wasser bestreichen, die Pastete mit der zweiten Platte bedecken. Die Ränder nach innen zusammenrollen. In die Oberfläche mittig eine Öffnung ausstechen und aus gefettetem Pergamentpapier einen Kamin einsetzen. Ei mit Sahne verquirlen und die Pastete damit bestreichen, im Backofen goldbraun backen.
Die Pastete erkalten lassen. Inzwischen die eingeweichte Gelatine in der heißen Brühe auflösen, Sherry dazugießen. Das lauwarme Gelee langsam durch den Kamin in die Pastete gießen und erstarren lassen.

TEIG 650 g salziger Mürbeteig, Grundrezept Seite 28

FÜLLUNG 100 g Schwarzwälder Speck in Scheiben
4 Schalotten
1 EL Butterschmalz
ca. 500 g frische Pilze nach Saison
500 g Schweinemett
500 g Bratwurstbrät
1 Bund Petersilie
1 TL Pastetengewürz
Salz und Pfeffer nach Geschmack
1/4 TL Muskat
1 Eigelb
1 EL Sahne

GELEE 1/4 l heiße Fleischbrühe
8 Blatt weiße Gelatine
1/8 l trockener Sherry (Fino)

°C E-Herd 200 °C
Gasherd 3

BACKZEIT ca. 1 Stunde

Schwäbischer Bund, Rezept Seite 83

Hefekuchen und Gugelhopf
Kuchen zum Kaffee

Krawatte, Rezept Seite 80

Kuchen zum Kaffee

Eine gute schwäbische Hausfrau begnügt sich nicht mit einem Kuchen zum Nachmittagskaffee, mindestens vier oder fünf Kuchen und Torten müssen es schon sein. Wobei meist zuerst der Hefekranz bzw. der Hefezopf gereicht wird, deren Herstellung vergleichsweise preiswert ist. Erst danach – wenn der erste Hunger gestillt ist – wird die Torte auf den Tisch gestellt.

In dem Zusammenhang sei das bekannte schwäbische Zitat zu einer Einladung für Kaffee und Kuchen erwähnt: „Kommed'r glei noch em Kaffee, na kenned'r zom Veschbra scho wied'r dr'hoim sei!"

Krawatte
(Schwäbischer Kaffeekuchen)

TEIG
- 500 g Weizenmehl (Type 405)
- 30 g Frischhefe oder
- 1 P. Trockenbackhefe
- ca. ¼ l Milch
- 100 g Zucker
- 1 Prise Salz
- 2 Eier
- 80 g Butter
- abgeriebene Schale von
- 1 Bio-Zitrone

ZUM BESTREICHEN UND BESTREUEN
- 3–4 EL zerlassene Butter
- 150 g Sultaninen
- 2 EL Zucker
- 1 P. Vanillezucker
- Zuckerglasur, Seite 38
- oder Puderzucker

°C E-Herd 200 °C
Gasherd 3

BACKZEIT ca. 45 Minuten

Mit den Zutaten einen Hefeteig ohne Vorteig zubereiten, siehe Seite 23, glatt kneten und in einer Schüssel zum Gehen warmstellen. Dann auf dem Backbrett etwa 2 cm dick auswellen, mit zerlassener Butter bestreichen (etwas Butter zum zweiten Bestreichen zurückbehalten), die vorbereiteten Sultaninen und den Zucker sowie Vanillezucker darauf streuen, den Teig der Länge nach aufrollen und auf ein gefettetes Backblech setzen; nach kurzem Warmstellen die Oberfläche in der Mitte der Länge nach aufschneiden und die Rolle mit der restlichen Butter überpinseln. Bei mittlerer Hitze auf der mittleren Schiene hellbraun backen. Die Stäbchenprobe machen.

Noch warm mit Zuckerglasur überziehen oder mit Puderzucker überstäuben (siehe Abbildung Seite 79).

Hefekranz

Der Hefekranz und auch der Hefezopf sind die typischen Sonntagskuchen in einem schwäbischen Haushalt. Und einmal ehrlich: Wem läuft nicht das Wasser im Mund zusammen, wenn so ein Gebäck duftend aus dem Backofen kommt? Oft kann man nicht widerstehen und probiert den noch warmen Kuchen, der dann im Inneren „arbeitet"! Der Hefekranz ist auch ein symbolisches Traditionsgebäck zu Erntedank.

Mehl in eine Backschüssel sieben und in die Mitte eine Vertiefung drücken. Die Hefe mit wenig lauwarmer Milch und etwas Zucker auflösen, in die Vertiefung füllen, etwas Mehl unterrühren und zum Gehen warmstellen. Inzwischen die Butter schaumig rühren. Dann mit Eiern, Zucker, Salz, Zitronenschale, Mehl und der aufgegangenen Hefe gut vermengen. So viel Milch zufügen, wie zum Kneten nötig ist, tüchtig schlagen (der Teig soll sich von den Händen leicht und glatt lösen) und den Teig zugedeckt so lange in die Wärme stellen, bis er zum doppelten Umfang aufgegangen ist. In drei Portionen teilen, einzeln auf einem mit Mehl bestäubten Backbrett zu gleichlangen Rollen formen, nebeneinander legen und an einem Ende fest zusammendrücken. Aus den drei Strängen einen Zopf flechten. Diesen kranzförmig in ein gefettetes Kuchenblech legen, das offene Ende zusammendrücken. Damit der Kranz die Form behält, ein kleines, gefettetes Schüsselchen oder eine Blechdose in die Mitte stellen. Den Kranz nach kurzer Ruhezeit mit Eigelb bepinseln, Hagel- oder Kristallzucker zwischen die Kranzrillen streuen (dadurch erweitern sich die knusprigen Risse), Mandelstifte obenauf geben und den Hefekranz bei gleichmäßiger, mittlerer Backhitze auf der mittleren Schiene hellbraun backen. Die Stäbchenprobe machen. Mit Puderzucker bestäuben.

TEIG
1 kg Weizenmehl (Type 405)
1 Würfel Frischhefe (42 g)
knapp $1/4 - 1/2$ l lauwarme Milch (je nach Mehlbeschaffenheit)
160 g Butter (oder $2/3$ Butter und $1/3$ Schweineschmalz)
2–3 Eier
160 g Zucker
$1/2 - 1$ TL Salz
abgeriebene Schale von $1/2$ Bio-Zitrone
evtl. Mark von $1/2$ Vanillestange

ZUM BESTREICHEN
1 Eigelb, verquirlt

ZUM BESTREUEN
Hagelzucker
geschälte Mandelstifte

ZUM BESTÄUBEN
Puderzucker

°C E-Herd 200–220 °C
Gasherd 3–4

BACKZEIT ca. 40 Minuten

TIPP
Aus diesem Teig oder aus den Teigresten lässt sich auch beliebiges Gebäck wie Schnecken, Brezeln, Zöpfchen, „S" usw. formen. Diese ebenfalls nach dem Aufgehen mit Eigelb bestreichen, halbfertig backen, mit Zucker bestreuen und anschließend im Backofen fertig backen (Gesamtbackzeit ca. 25 Minuten).

Hefezopf

TEIG	500 g Weizenmehl (Type 405)
	30 g Frischhefe oder
	1 P. Trockenbackhefe
	1/8 – 1/4 l lauwarme Milch
	100 g Butter
	50–80 g Zucker
	1 Ei
	2 Eigelb
	1 EL Anis
	1/2 TL Salz
	abgeriebene Schale von
	1/2 Bio-Zitrone
GLASUR	1 Eigelb, verquirlt
ZUM BESTREUEN UND BESTÄUBEN	
	Hagelzucker
	Mandelstifte oder -blättchen
	Puderzucker
°C	E-Herd 175–200 °C
	Gasherd 2–3
BACKZEIT	ca. 35–40 Minuten

Zubereitung wie Hefekranz (siehe Seite 81); den Zopf jedoch an beiden Enden spitz flechten und nicht in runder Form, sondern der Länge nach auf ein gefettetes Backblech setzen, mit verquirltem Eigelb bestreichen und mit Hagelzucker oder Mandelstiften bestreuen. Zu schöner Farbe backen. Die Stäbchenprobe machen.

Noch warm mit Puderzucker überstäuben.

Tipp

Beim Flechten mit gut bemehlten Händen arbeiten, dann sieht die Oberfläche des Zopfes ansprechender aus.

1 · Für den Hefezopf die Teigstränge legen.
2 · Von der Mitte aus zu einem Zopf flechten.
3 · Die Teigenden gut zusammendrücken, anschließend den Zopf auf das Backblech legen und mit verquirltem Eigelb bestreichen.

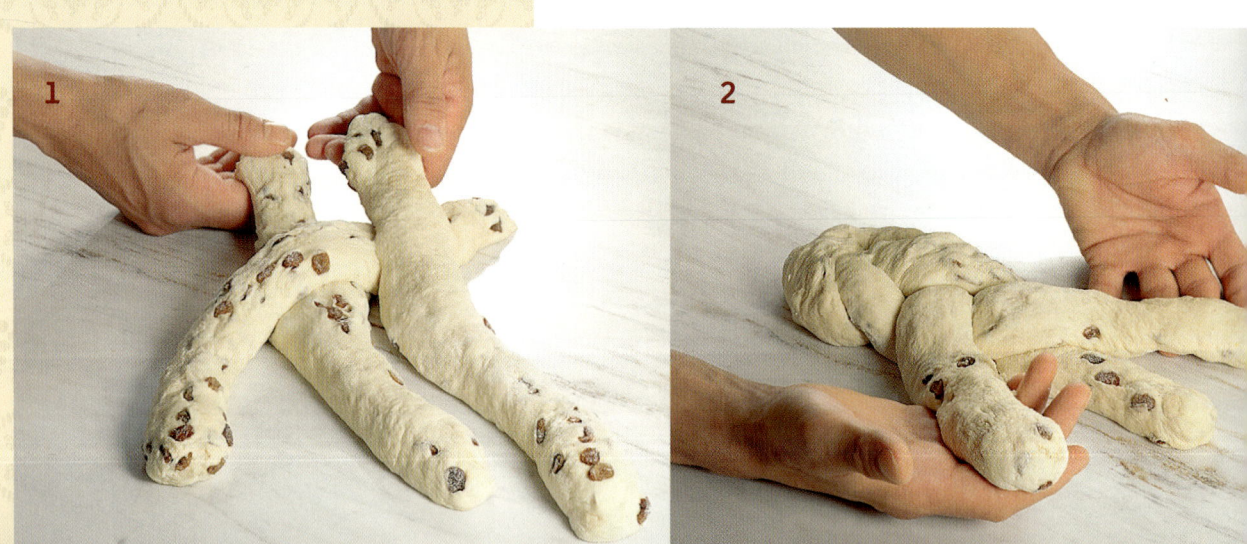

Schwäbischer Bund

Früher gab es traditionell zum Taufkaffee einen Gugelhopf, einen Kranz und einen mürben Kuchen, evtl. mit Chaudeausauce (Weinschaumsauce) gereicht. Später wurden auch noch Obst- und Käskuchen serviert.

Die verquirlten Eigelb mit Zucker und Butter weißcremig rühren. Die Mandeln sowie Zitronensaft und -schale, die vorbereiteten Sultaninen und Zibeben, das mit Speisestärke gemischte Mehl und zuletzt den steifen Eischnee zufügen. Die Masse in eine gefettete, mit Mehl bestäubte Form füllen und backen.
Das Wasser aufkochen, mit dem Zucker etwa 5 Min. zum dünnen Faden* kochen und mit dem Rum vermischen.
Den Ring kurz in der Form belassen, dann auf ein Kuchengitter stürzen. Nach dem Erkalten mit der Flüssigkeit tränken und kurz trocknen lassen. Den Puderzucker mit dem Zitronensaft verrühren und den Ring mit der Glasur überziehen. Die gerösteten Mandeln auf die noch feuchte Glasur streuen und mit kandierten Fruchtschnitzen verzieren.

*Zum dünnen Faden kochen: Einige Tropfen abgekühlten Läuterzucker zwischen Daumen und Zeigefinger nehmen, mehrmals auseinander ziehen und prüfen, ob sich ein dünner Faden bildet (siehe auch Seite 39).

FORM	Ring- oder Kranzform: 26 cm Ø
TEIG	6 Eier, getrennt
	220 g Zucker
	160 g Butter oder Margarine
	60 g geschälte, gemahlene Mandeln
	Saft und abgeriebene Schale von 1 Bio-Zitrone
	je 60 g Sultaninen und Zibeben
	100 g feines Weizenmehl (Type 405)
	100 g Speisestärke
ZUM TRÄNKEN	¼ l Wasser
	3 EL Zucker
	2–3 EL Rum (54 Vol.-%)
GLASUR	200 g Puderzucker
	Saft von 1 Zitrone
ZUM BESTREUEN	50 g geschälte, gewiegte Mandeln, leicht geröstet
	kandierte Fruchtstücke
°C	E-Herd 175–200 °C
	Gasherd 2–3
BACKZEIT	ca. 50 Minuten

3

Strudelring

FORM	Ringform 30–32 cm ⌀
TEIG	500 g Weizenmehl (Type 405) 35 g Frischhefe ca. 1/8 – 1/4 l lauwarme Milch (je nach Mehlbeschaffenheit) 70 g Butter oder Margarine abgeriebene Schale von 1/2 Bio-Zitrone 1 Ei 1 Eigelb 1 Prise Salz
ZUM EINWELLEN	70–100 g Butter etwas Mehl
FÜLLUNG	100 g geschälte Mandeln, gemahlen 100 g Zucker 120 g Biskuit- oder Semmelbrösel 1 TL gemahlener Zimt wenig Vanillezucker Wasser oder Milch leicht geschlagenes Eiweiß
GLASUR	Zuckerglasur, siehe Seite 38
°C	E-Herd 220 °C Gasherd 4
BACKZEIT	ca. 30–45 Minuten

Nach Grundrezept I, Seite 22, einen mäßig festen Hefeteig zubereiten. Über Nacht auf einem mit Mehl bestäubten Backbrett gut zugedeckt aufgehen lassen. Am anderen Tag zu einem Quadrat auswellen, die Butter mit wenig Mehl durchkneten, flachdrücken, auf das Quadrat legen, dann in den Teig einschlagen und dies drei- bis viermal wiederholen (vgl. Blätterteig-Grundrezept, Seite 32).

Für die Füllung die gemahlenen Mandeln mit den übrigen Zutaten in einer Schüssel verrühren. Den Teig auf 60 × 50 cm Größe auswellen, von leicht geschlagenem Eiweiß in der Mitte einen 2 cm breiten Streifen andeuten. Neben diesem Streifen die beiden Teighälften mit der nicht zu feuchten Füllung bestreichen. Den Teig an der Streifenlinie durchschneiden, die beiden Teile von außen zur Mitte hin aufrollen und die Rollen ineinander schlingen. In eine gefettete Ringform legen und den Strudelring 45–60 Min. in der Wärme aufgehen lassen. Anschließend Ringform auf den Rost stellen und auf der unteren Schiene bei guter Hitze hellbraun backen und noch heiß glasieren.

Haselnussring

Von der Hälfte der Butter und den übrigen Zutaten einen Hefeteig wie für das Rezept „Strudelring", Seite 84, zubereiten. Die restliche Butter zuletzt einwellen – wie beim Blätterteig-Rezept, Seite 32. Inzwischen die Haselnüsse auf einem Backblech rösten, fein mahlen und mit den angegebenen Zutaten zur Füllung vermengen. Den Teig auf einem Backbrett fingerdick ausrollen (etwa 50 cm lang und 30–40 cm breit), die Füllung darauf verteilen, alles zu einer Rolle formen und in eine gut gefettete Ringform legen. Den Teig darin etwa 20–30 Min. aufgehen lassen und auf der unteren Schiene auf dem Rost hellbraun backen.

Kurz in der Form ruhen lassen, dann den Haselnussring auf ein Kuchengitter stürzen und mit der Vanilleglasur überziehen. Oder dick mit Puderzucker überstäuben.

FORM	Ring- oder Kranzform 26 cm Ø
TEIG	80–100 g Butter 375 g Weizenmehl (Type 405) 25–30 g Frischhefe ca. 1/8 l Milch 60 g Zucker 1 Prise Salz 1 Ei etwas abgeriebene Schale von 1 Bio-Zitrone
FÜLLUNG	120 g Haselnüsse 50 g Zucker 4 EL dicker süßer Rahm/Sahne etwas Vanillezucker
GLASUR	Vanilleglasur, Seite 37, oder Puderzucker
°C	E-Herd 220 °C Gasherd 4
BACKZEIT	ca. 30–45 Minuten

Rahmstrudel
mit Quark

TEIG	300 g Weizenmehl (Type 405)
	1 Prise Salz
	ca. 100–150 ml lauwarmes Wasser
	evtl. 1 Ei
	2 EL Pflanzenöl
ZUM BESTREICHEN	30 g flüssige Butter oder süße Sahne (Rahm)
FÜLLUNG	100 g Butter
	2–3 Eier, getrennt
	100–120 g Zucker
	1 Prise Salz
	¼ l Sauerrahm
	abgeriebene Schale von ½ Bio-Zitrone
	250 g Quark (Luckeleskäs), gut abgetropft
	150 g Sultaninen
	1 Prise Zimt
ZUM BESTREICHEN UND BESTREUEN	30 g zerlassene Butter
	Puderzucker
°C	E-Herd 175 °C
	Gasherd 2
BACKZEIT	ca. 40–45 Minuten

Das gesiebte Mehl auf dem Backbrett mit den Zutaten zu einem weichen Teig verarbeiten. So lange kneten, bis er zart und glatt ist und sich von den Händen löst. Mit lauwarmem Wasser bestreichen und 30 Min. unter einer erwärmten Schüssel ruhen lassen, damit der Teig geschmeidig bleibt. Nach dieser Ruhezeit ein Tuch auf der Arbeitsfläche ausbreiten, mit Mehl bestäuben, den Teig darauflegen und über den Handrücken zu einem dünnen Schleier ausziehen; die flüssige Butter oder leicht verquirlte Sahne darüber streichen.

Zur Füllung die Butter schaumig rühren und im Wechsel Eigelb, Zucker, Rahm, Zitronenschale und den durchpassierten Luckeleskäs untermischen; zuletzt den mit etwas Salz steif geschlagenen Eischnee zufügen. Die Füllung auf dem Teig gleichmäßig verteilen, die vorbereiteten Sultaninen und etwas Zimt aufstreuen, zwei Tuchecken hochheben, den Strudel aufrollen und auf einem gefetteten Backblech zu einem Hufeisen oder einer Schnecke formen; mit zerlassener Butter überpinseln, im vorgeheizten Backofen backen und noch heiß mit viel Puderzucker bestäuben.

Gugelhopf
(Rodonkuchen)

Der Gugelhopf war früher – ähnlich wie im Elsass – ein Festtagskuchen. Der Teig wird entweder mit Hefe oder mit Backpulver bzw. Natron zubereitet. Der Name soll von der Mönchskapuze kommen, eine Kopfbedeckung mit Schulterkragen, die bis ins 16. Jahrhundert auch als Reise- und Jagdtracht verwendet wurde. Der Ursprung der Form scheint jedoch bis in die Römerzeit zurückgehen, wie Funde von Bronzeformen, die den traditionellen Keramik- oder Kupferformen ähneln, zeigen.

Mehl in eine Backschüssel sieben und in die Mitte eine Mulde drücken. Die Hefe in lauwarmer Milch auflösen, in die Mulde geben und mit wenig Mehl zu einem Vorteig anrühren. Etwa 1 Std. zum Aufgehen in die Wärme stellen, dann die leicht gerührte Butter, die übrigen Zutaten und zuletzt die Sultaninen beifügen und alles zusammenkneten. Den Teig so lange kneten und schlagen, bis er Blasen zeigt und sich vom Schüsselrand löst. Eine Gugelhopfform mit Butter oder Öl bepinseln, mit Zwiebackbröseln ausstreuen und den Teig etwa bis zur Hälfte der Form einfüllen. Darin etwa 45–60 Min. aufgehen lassen und den Gugelhopf bei mittlerer Hitze, auf der untersten Schiene, Form auf dem Rost stehend, hellbraun backen. Die Stäbchenprobe machen.

Den Gugelhopf nur kurz in der Form ruhen lassen, noch warm auf ein Kuchengitter stürzen und mit viel Puderzucker bestreuen.

Variante

Sultaninen oder Zibeben vorher in Rum oder Kirschwasser einlegen (dann zum Teig noch 2 EL Kirschwasser geben).
Die gefettete Form mit Mandelstiftchen ausstreuen.

FORM Gugelhopfform ca. 26 cm Ø

TEIG
500 g Weizenmehl (Type 405)
35 g Frischhefe
ca. 180–200 ml Milch
200 g Butter
100 g Zucker
3–4 Eier (oder
2 Eier und 2 Eigelb)
abgeriebene Schale von
½ Bio-Zitrone
1 Prise Salz
80 g geschälte, gehackte oder gehobelte Mandeln
100 g vorbereitete Sultaninen oder Zibeben (siehe Seite 17, Backzutaten)

ZUM AUSFETTEN UND AUSSTREUEN
flüssige Butter oder Öl
Zwieback- oder Semmelbrösel

ZUM BESTREUEN
Puderzucker

°C E-Herd 175–200 °C
Gasherd 2–3

BACKZEIT ca. 50–60 Minuten

TIPP
Im Sommer den Gugelhopf mit frischen Früchten servieren.

Natrongugelhopf

Im 19. Jahrhundert wurden neben den Gugelhopfen aus Hefeteig erstmals Rührteige mit Backpulver oder Natron hergestellt. Gugelhopf/-hupf oder Napfkuchen, wie der Kuchen in anderen Gegenden Deutschlands heißt, wurde oft am Brotbacktag mitgebacken.

FORM	Gugelhopfform ca. 26 cm ⌀
TEIG	250 g weiche Butter
	250 g Zucker
	6–8 Eier, je nach Größe, getrennt
	abgeriebene Schale von ½ Bio-Zitrone
	⅛ l lauwarme Milch
	500 g Weizenmehl (Type 405)
	1 P. Weinsteinbackpulver oder 10 g Natron
FÜR DIE FORM	Butter oder Öl
	Zwieback- oder Semmelbrösel
NACH BELIEBEN	100 g zerlassene Butter
	Puderzucker zum Bestäuben
°C	E-Herd 180–200 °C
	Gasherd 3
BACKZEIT	ca. 40–45 Minuten

Einen Rührteig nach Grundrezept, Seite 26, herstellen, jedoch zunächst nur das Eigelb unterrühren. Erst zum Schluss die steif geschlagenen Eiweiß unterziehen. Die Masse in eine gut gefettete und mit Bröseln ausgestreute Gugelhopfform einfüllen, auf den Rost stellen und im vorgeheizten Backofen auf der untersten Schiene backen. Die Stäbchenprobe machen.

Den Gugelhopf noch warm auf ein Kuchengitter stürzen und nach Belieben mit zerlassener Butter bepinseln. Nach dem Abkühlen dick mit Puderzucker bestreuen.

Machet ein halb Seidlein weisse Bier-Heffen / und eben so viel Kern / oder gantze Milch / untereinander warm / rühret ein Diethäufflein Meel darein an / rühret ferner darein ein halb Pfund zerschlichtenes Schmaltz / 8. gantze Eyer / und 4. Dötterlein / Saltz / ausgekörnte kleingeschnittene Rosinen / Weinbeer / abgezogen-zerschnittene Mandeln / Zucker und Rosen-Wasser / schlaget den Taig wohl ab / biß er Blasen bekommt / lasset in einem darzu behörigen Beck / oder Model / ein gut Theil Schmaltz zergehen / thut den Taig darein / lasset ihn bey der Wärme gehen / hernach in einem Oefelein / bey anderthalb Stundenlang bachen. Weme das Süsse nicht beliebt / kan solches davon lassen.

Oder rühret ein Viertel Pfund frisch Schmaltz ein Stundlang ab / folgends 6. gantze Eyer / so zuvor im warmen Wasser gelegen / und 4. Dotterlein / eines nach dem andern / etwas Zucker / Rosen-Wasser / ein wenig Saltz / 3. Löffel voll weisse Bier-Heffen / 4. Löffel voll süssen Ram / und 10. biß 12. Löffel voll schönes Meel darein / schmieret das Beck / oder nur kleine Schärtlein / mit Butter / schüttet den Taig hinein / aber nicht voll / lasst es bey der Wärme gehen / und bachets gantz gemach in einem Ofen / ohngefehr eine halbe Stunde lang / dann streuet Zucker darauf.

Aus einem alten „Goglhopf"-Rezept.

Marmorkuchen

Mit den Zutaten (außer dem Kakao) einen Rührteig nach Grundrezept, Seite 26, zubereiten. Den Teig in zwei Hälften teilen, die eine mit dem Kakao, mit etwas Wasser angerührt, mischen und abwechselnd je einen Schöpflöffel hellen und dunklen Teig in eine gefettete, große Gugelhopfform füllen. Die Massen mit einer Gabel jeweils leicht ineinander streichen und den Marmorkuchen bei mittlerer Hitze auf der untersten Schiene auf dem Backrost backen. Die Stäbchenprobe machen.

Den Marmorkuchen nur kurz in der Form stehen lassen. Dann auf ein Kuchengitter stürzen und den Kuchen mit viel Puderzucker bestreuen.

Tipp
Der Marmorkuchen kann auch festlich mit Schokoladenglasur, Rezept Seite 38, überzogen werden.

FORM	Gugelhopfform ca. 26 cm Ø, oder Kastenform
TEIG	200 g weiche Butter oder Margarine 4 Eier 100 g Zucker ¼ l Milch 1 P. Vanillezucker 250 g Speisestärke 250 g feines Weizenmehl (Type 405) 1 P. Backpulver 3 EL Kakaopulver etwas Wasser
ZUM BESTREUEN	Puderzucker
°C	E-Herd 180–200 °C Gasherd 3
BACKZEIT	ca. 55–65 Minuten

Zwetschgendatsche, Rezept Seite 95

Blechkuchen

Apfelkuchen vom Blech, Rezept Seite 94

Die Mengenangaben sind für einen Blechkuchen (Blechgröße ca. 30×40 cm) gedacht; aus einem Kuchen lassen sich etwa 25 kleiner Stücke schneiden, falls nicht anders angegeben, ist bei Weizenmehl die Type 405 verwendet. Den ausgewellten Teigboden stets auf ein gefettetes Backblech legen, dabei darauf achten, dass der Boden gleichmäßig dick bis in die Ecken, bei sehr saftigem Belag auch mit einem kleinen Rand ringsum, aufgelegt wird. Eventuelle Luftblasen mit einer Gabel aufstechen. Hefeteig für Blechkuchen mit einem Tuch bedeckt gehen lassen, damit er keine Haut bekommt. Für Blechkuchen mit Obstbelag empfiehlt sich das Rezept auf Seite 22 (Alternative mit 375 g Mehl).

Wird Mürbeteig verwendet, diesen zwischen Klarsichtfolie auswellen, anschließend um das Wellholz legen und vorsichtig auf das Blech gleiten lassen. Die Böden je nach Rezept noch einmal gehen oder ruhen lassen. Bei sehr saftigem Belag, wie zum Beispiel Zwetschgen, während des Backens die Backofentür leicht geöffnet lassen (einen Kochlöffelstiel dazwischenklemmen), damit der Dampf abziehen kann. Blechkuchen auf der mittleren Schiene des Backofens backen.

Butter-/Zimt-Kuchen

TEIG
Hefeteig-Rezept wie zu Streuselkuchen, Seite 93, jedoch ohne Schweineschmalz und mit 100 g Zucker
1 Ei
1 Eigelb

ZUM BELEGEN
150 g zerlassene Butter
50–70 g Zucker
200 g Mandelblättchen
oder 1 TL Zimt

°C
E-Herd 200 °C
Gasherd 3

BACKZEIT ca. 30–35 Minuten

Den ausgewellten Hefeteig nach nochmaligem Gehen mit der zerlassenen Butter bestreichen, mit Zucker und Mandelblättchen oder Zimt bestreuen und bei guter Hitze auf dem gefetteten Backblech im vorgeheizten Backofen knusprig backen.

Variante

Ein paar Vertiefungen in die Teigoberfläche drücken und die flüssige Butter hineingießen.

Streuselkuchen

Einen nicht zu weichen Hefeteig zubereiten. Nach dem Aufgehen auf dem Backbrett auswellen, in einem gefetteten, mehlbestreuten Backblech ausbreiten und noch kurze Zeit gehen lassen.
Für die Streusel die Butter mit Zucker, Mehl und den übrigen Zutaten leicht mischen. Mit den Händen so verkneten, dass sich kleine Klümpchen bilden. Diese bröselig zerreiben. Dann die Oberfläche des gegangenen Teigs mit einer Gabel einstechen, mit der zerlassenen Butter bestreichen und die Streusel darauf verteilen. Im vorgeheizten Backofen hellbraun backen. Ofenwarm zum Kaffee servieren.

Gefüllter Streuselkuchen

Den Teig etwas dicker auswellen und in eine runde, gefettete Kuchen- oder Tarteform von ca. 28–30 cm ⌀ einlegen. Die Streusel darauf verteilen und den Kuchen wie oben backen. Die Stäbchenprobe machen. Nach dem Backen und Erkalten quer durchschneiden und mit Vanille-Buttercreme, siehe Seite 36, füllen.

TEIG
500 g Weizenmehl (Type 405)
25 g Frischhefe
ca. 1/8 – 1/4 l lauwarme Milch, je nach Mehlbeschaffenheit
80 g Butter
1 EL Schweineschmalz
60 g Zucker
2 Eier (oder 1 Ei und 2 Eigelb)
abgeriebene Schale von 1/4 Bio-Zitrone
1 Prise Salz

ZUM BESTREICHEN
40 g zerlassene Butter

FÜR DIE STREUSEL
90 g weiche Butter
100 g Zucker
110–130 g Weizenmehl
60 g geschälte, gewiegte Mandeln oder gehackte Haselnüsse
1 TL Zimt

°C
E-Herd 175–200 °C
Gasherd 2–3

BACKZEIT ca. 30–35 Minuten

Apfelkuchen
vom Blech

TEIG	Hefeteig, Grundrezept Seite 22, jedoch ohne Ei oder Rezept Seite 22, mit 375 g Mehl
BELAG	100 g Rosinen (Zibeben) oder Sultaninen 1,5 kg Äpfel, z. B. Cox Orange, Renette, Ruby Red oder Boskoop 40 g zerlassene Butter
ZUM BESTREUEN	125 g feiner Zucker evtl. 1 TL Zimt
°C	E-Herd 200–220 °C Gasherd 3–4
BACKZEIT	ca. 30–35 Minuten

Den Hefeteig vorbereiten und auf ein gefettetes Kuchenblech legen. Die Zibeben verlesen, heiß waschen und gut abtropfen lassen. Die Äpfel schälen, halbieren, entkernen und in schmale Scheiben oder Schnitze schneiden. Die Teigplatte eng damit belegen (wie Dachziegel) und dann mit der zerlassenen Butter bestreichen. Die Zibeben über den Kuchen streuen. Etwa 15 Min. ruhen lassen, dann auf der mittleren Schiene im vorgeheizten Backofen hell ausbacken.

Den Kuchen nach dem Backen mit Zucker und Zimt bestreuen und auskühlen lassen. In beliebig große Stücke schneiden und mit Schlagrahm, mit etwas Likör verfeinert, servieren. Frisch aus dem Ofen schmeckt der Apfelkuchen am besten!

Variante
Statt Zucker Mandelstifte über den Kuchen streuen.

Zwetschgendatsche

Den Hefeteig nach Grundrezept herstellen und auf ein gefettetes Backblech legen. Die flach zulaufende Seite des Blechs mit einer doppelt gefalzten Alufolienmanschette* abschließen.
Die Zwetschgen entsteinen, aufklappen und evtl. noch etwas einschneiden.
Die Teigplatte mit einem Teil des geriebenen Schwarzbrots oder mit Weißbrotbröseln bestreuen, dabei einen Rand frei lassen. Diesen mit verquirltem Ei bestreichen. Die Zwetschgen dicht an dicht auf den bestreuten Boden legen, eher stellen. Das restliche Schwarzbrot mit Zucker, Zimt und Zwetschgenwasser vermischen und über die Zwetschgen geben. Die Datsche im vorgeheizten Backofen auf der mittleren Schiene ausbacken.

Den fertig gebackenen Kuchen sofort auf eine Kuchenplatte oder ein großes Brett gleiten und abkühlen lassen. Anschließend in Stücke teilen. Am besten frisch mit Schlagrahm servieren.

Tipps
An den goldgelben Teigrändern erkennt man, dass der Kuchen fertig ist.
Die mit Eigelb bestrichene und mit Bröseln bestreute Teigplatte 10 Minuten vorbacken und dann erst mit den Zwetschgen belegen.
Bei sehr saftigen Früchten die Backofentüre mit einem Kochlöffel einen Spalt breit geöffnet halten, damit der Dampf abziehen kann.

Zwetschgendatsche mit Streuseln
Alles zu kleinen Streuseln verarbeiten und über die Zwetschgen streuen. Sollte die Masse zu feucht sein, noch etwas Mutschelmehl zugeben.

* Die Alufolienmanschette dient dazu, den Saft im Kuchen zu halten. Nach dem Backen entfernen und den Kuchen über die flache Seite des Blechs auf eine Servierplatte gleiten lassen.

TEIG Hefeteig, Seite 22, mit 375 g Mehl

BELAG 1,2–2 kg Zwetschgen – je nach gewünschter Dichte des Belags

ZUM BESTREICHEN
1 Ei, verquirlt

ZUM BESTREUEN
150 g trockenes Schwarzbrot, gerieben, oder feine Weißbrotbrösel
80–100 g Zucker
1 TL Zimt
1 Schnapsglas Zwetschgenwasser

°C E-Herd 180–200 °C
Gasherd 3–4

BACKZEIT 40–50 Minuten

ZUM BESTREUEN
100 g Mutschelmehl
100 g Zucker
100 g Mandeln, gemahlen
1 Schnapsglas Zwetschgenwasser

Süßer Blatz mit Träuble, Rezept Seite 98

Süßer Blatz
mit Träuble

FRÜCHTE	800 g rote Träuble (Johannisbeeren)
TEIG	Hefeteig-Grundrezept, Seite 22, mit 375 g Mehl und 80 g Zucker
BELAG	2–3 EL Grieß gut 1/8 l Milch 1 Ei
ZUM BESTREUEN	2 EL Zucker Zimt nach Geschmack Schwarzbrotbrösel oder Biskuitkrümel Butterflocken
°C	E-Herd 200 °C Gasherd 3
BACKZEIT	20–25 Minuten

Johannisbeeren waschen und mit Hilfe einer Gabel die Beeren von den Stielen streifen, in einem Sieb abtropfen lassen.

Hefeteig zubereiten, gehen lassen, dann dünn auswellen und auf ein gefettetes Kuchenblech legen. Für den Belag Grieß in die strudelnd kochende Milch einstreuen und in 10–15 Minuten bei mäßiger Hitzezufuhr zu einem dicken Brei kochen. 1 Ei unterrühren und die Masse abkühlen lassen.

Grießbrei auf den Hefeteig streichen und die abgezupften Träuble auflegen. Zucker und Zimt mit den Bröseln vermischen, auf die Träuble streuen. Einige Butterflocken aufsetzen und den Blatz im vorgeheizten Backofen backen.

Den Träublesblatz lauwarm servieren.

Rahmkuchen

Den Blätterteig nach Grundrezept zubereiten oder den Tiefkühlblätterteig nach Anweisung auftauen und auswellen. Auf ein mit kaltem Wasser abgespültes Blech legen, den niedrigen Rand des Blechs mit einem gefalzten Alufolienstreifen begrenzen.
Das Mehl mit dem Rahm (der Sahne) klümpchenfrei verquirlen. Die Eigelb, Zucker, Salz, Zitronenschale und Vanillemark sowie den durch ein Sieb gestrichenen Schichtkäse oder Luckeleskäs (es eignet sich hierzu auch sehr gut der italienische Ricotta) mitrühren, zuletzt den Eischnee unterheben. Die Quarkmasse auf den Blätterteig streichen und im vorgeheizten Backofen auf der mittleren Schiene backen.

Noch warm servieren – so schmeckt der Kuchen am besten!

Variante
Noch 125 g Zibeben mit in den Belag geben und den Kuchen mit Mandelstiften und Zucker bestreuen.

Tipp
Schichtkäse oder Quark/Luckeleskäs in ein gebrühtes Baumwolltuch geben und über einem großem Kochtopf zum Abtropfen aufhängen.

TEIG Blätterteig-Grundrezept, Seite 32, Rest für Kleingebäck verwenden,
oder 400 g TK-Blätterteig

BELAG 60 g Weizenmehl (Type 405)
je $1/4$ l süßer Rahm und Sauerrahm
4 Eigelb
125 g Zucker
1 Prise Salz
abgeriebene Schale von $1/2$ Bio-Zitrone
Mark von $1/2$ Vanillestange
250 g Schichtkäse, gut abgetropft oder sehr trockener Quark (Luckeleskäs)
4 Eiweiß, zu steifem Schnee geschlagen

°C E-Herd 200–225 °C
Gasherd 3–4

BACKZEIT ca. 45 Minuten

Süßer Kartoffelkuchen

TEIG
- 180 g Weizenmehl (Type 405)
- 10 g Frischhefe
- 80–100 ml lauwarme Milch
- 30 g Butter oder Margarine
- 1 TL Zucker
- 1 Prise Salz

FÜLLUNG
- 2 Eier, getrennt
- 50 g Zucker
- Saft und abgeriebene Schale von ½ Bio-Zitrone
- 600 g gekochte, kalt geriebene Kartoffeln (mehlig kochend)
- ca. 375 ml dicker Sauerrahm oder Sauermilch

ZUM BESTREUEN
- 1–2 EL Zucker
- 1 TL Zimt
- Butterflöckchen

°C
- E-Herd 200 °C
- Gasherd 3

BACKZEIT ca. 40–45 Minuten

Das Mehl in eine Schüssel sieben, in die Mitte eine Vertiefung eindrücken, die Hefe darin leicht zerbröckeln und mit der lauwarmen Milch verrühren. Die Butter in kleinen Flöckchen zufügen, Zucker und Salz untermischen und den Teig so lange kneten, bis er sich von der Schüssel löst und Blasen zeigt. Zum Aufgehen etwa 1 Std. warmstellen, danach dünn auswellen, auf ein gefettetes, rechteckiges Backblech legen und den Rand etwas hochziehen. Nochmals 10 Min. ruhen lassen. Die Teigplatte mit einer Gabel mehrmals einstechen. Zur Füllung die Eigelb mit dem Zucker schaumig rühren, die übrigen Zutaten beifügen und den steifen Eischnee zuletzt leicht durchziehen. Die Füllung gleichmäßig auf den Teigboden aufstreichen, mit Zucker und Zimt überstreuen, einige Butterflöckchen aufsetzen und den Kuchen im vorgeheizten Backofen auf der mittleren Schiene hellbraun backen.

Dieser Kuchen schmeckt warm am besten!

Arbeit in der Backstube

Schwäbischer Apfelkuchen, Rezept Seite 106

Obst- und Käsekuchen

Halbhohes Gebäck in Springformen oder ähnlichen Kuchenformen wird auf dem Rost stehend im vorgeheizten Backofen auf der unteren Schiene des Backofens gebacken. In manchen Rezepten ist abweichend davon die mittlere Schiene angegeben. Die Formen für Obst- und Käsekuchen immer gut fetten (bei besonders beschichteten Formen auf die Herstellerangaben achten) und mit Bröseln (siehe Rezepte) ausstreuen. Sollte sich dennoch einmal ein Kuchen nicht aus der Form lösen lassen, diese auf ein nasses Küchentuch stellen und dann den Kuchen aus der Form nehmen. Bei „Käskuchen" sollte stets eine Springform mit hohem Rand verwendet werden, da der Kuchen stark aufgeht; den „Käskuchen" in der Form abkühlen lassen, dann erst den Ring entfernen und den Kuchen auf eine Servierplatte gleiten lassen (siehe auch Rezepte). Ein Kuchen ergibt 12 große oder 16 kleinere Stücke.

Gestürzter Apfelkuchen

FORM	Springform 26 cm Ø
BISKUIT	3 Eiweiß 3 EL kaltes Wasser 150 g Zucker 1 Prise Salz 3 Eigelb Saft und abgeriebene Schale von ½ Bio-Zitrone je 60 g Speisestärke und Weizenmehl (Type 405)
BELAG	1 kg mürbe Äpfel etwas Zitronensaft 30 g Mandeln, abgezogen, siehe Seite 16 Zucker
FÜR DIE FORM	30 g Zucker zerlassene Butter
°C	E-Herd 200 °C Gasherd 3
BACKZEIT	ca. 35–40 Minuten

Eine Biskuitmasse nach Grundrezept, Seite 30, zubereiten. Die Äpfel schälen und das Kerngehäuse mit einem Apfel- oder Kartoffelbohrer entfernen. Dann die Äpfel halbieren und mit der Öffnung nach oben in eine gebutterte und mit Zucker ausgestreute Form legen. Mit etwas Zitronensaft beträufeln. Anstelle des Kerngehäuses die Äpfel mit den abgezogenen, gemahlenen und mit etwas Zucker vermischten Mandeln füllen. Darüber die Biskuitmasse verteilen und den Kuchen im vorgeheizten Backofen auf der mittleren Schiene backen.

Den Kuchen noch warm stürzen und mit leicht geschlagenem Rahm servieren.

Apfelkuchen
mit glasierten Äpfeln

Einen Blätterteig nach Grundrezept zubereiten und kühl stellen. Die Äpfel waschen, schälen, halbieren und das Kernhaus entfernen. Den Apfelsaft mit Zucker, Zitronenschale und Apfelgelee aufkochen und die Apfelhälften so lange darin dünsten, bis sie sich mit einem Hölzchen durchstechen lassen, sie dürfen jedoch nicht zerfallen. Dann die Hälften auf ein Gitter zum Abkühlen legen, danach die gewölbte Oberfläche in kurzen Abständen leicht einschneiden (nicht durchschneiden). Die Dünstflüssigkeit dick einkochen und aufbewahren. Inzwischen eine gefettete Springform mit dem ausgewellten Teig auslegen und einen Randstreifen rundum aufsetzen. Den Teigboden durch Einstechen mit einer Gabel auflockern, Pergamentpapier in der Größe des Kuchenbodens auflegen, mit Hülsenfrüchten füllen (siehe Tipp Seite 9) und ohne Belag im vorgeheizten Backofen blindbacken.

Den vorgebackenen Kuchenboden mit Bröseln bestreuen, die Apfelhälften mit der Wölbung nach oben darauf legen, die Mandelstifte und vorbereiteten Sultaninen darauf verteilen und den Kuchen fertig backen. Die Äpfel noch warm mit dem gelierten Apfelsaft glasieren.

FORM	Springform 26 cm Ø
TEIG	Blätterteig-Grundrezept, Seite 32, oder 450 g TK-Blätterteig
BELAG	ca. 1–1 1/2 kg mittelgroße Äpfel, z. B. Boskoop oder Renetten 1/2 l Apfelsaft 200 g Zucker abgeriebene Schale von 1 Bio-Zitrone 4 EL Apfelgelee
ZUM BESTREUEN	2–3 EL Zwiebackbrösel 50 g Mandelstifte 40 g Sultaninen
°C	E-Herd 200 °C Gasherd 3
BACKZEIT	25 Minuten vorbacken, dann mit Äpfeln in 15 Minuten fertig backen

ANMERKUNG
Für Schwaben ist nicht nur das Darauf, sondern auch das Darunter beim Kuchen wichtig. Es ist anzunehmen, dass das schwäbische „bodaguat" für „sehr gut" bis zu „exzellent" vom guten Kuchenboden abgeleitet werden kann.

Schwäbischer / Gedeckter Apfelkuchen

FORM	Springform 26 cm ⌀
TEIG	280 g Weizenmehl (Type 405) 120–140 g Butter 125 g Zucker 1–2 Eier 3–4 EL Rahm (süße Sahne)
FÜLLUNG	1–1½ kg mürbe Äpfel 60–80 g Zucker (je nach Fruchtsüße, Äpfel vorher probieren!) Schale und Saft von ½ Bio-Zitrone 30 g geschälte, gehackte Mandeln 60 g Sultaninen
ZUM BESTREICHEN	1 Eigelb, verquirlt
BELAG	100 g Butter 80–100 g Zucker etwas abgeriebene Zitronenschale oder 1 TL Vanillezucker
°C	E-Herd 180–200 °C Gasherd 3
BACKZEIT	ca. 40–50 Minuten

TIPP
Sollte die Kuchenoberfläche zu schnell bräunen, den Kuchen mit Alufolie bedecken und die Temperatur herunterschalten.

Einen Mürbeteig nach Grundrezept, Seite 28, herstellen und kalt stellen. Die geschälten Äpfel in Schnitze, dann in feine Blättchen schneiden, mit Zucker, Zitronenschale und -saft vermischen und zugedeckt 30 Min. durchziehen lassen. Inzwischen aus ⅔ der Mürbeteigmenge einen Boden, der ca. 1 cm größer als die Form ist, und aus dem Teigrest einen etwas dünneren Deckel in Kuchenformgröße auswellen.

Den Boden in die gefettete Springform legen, den Rand hochziehen, dann die Apfelblättchen, Mandeln und die vorbereiteten Sultaninen darauf verteilen. Den überhängenden Teigrand einschlagen, mit Eigelb bestreichen, den Teigdeckel darüber decken und ringsum gut andrücken. Zum Belag die Butter leicht erwärmen, mit dem Zucker verrühren, die Zitronenschale oder den Vanillezucker untermischen und den Teigdeckel damit überziehen. Den Kuchen im vorgeheizten Backofen auf der mittleren Schiene hellbraun backen.

Den Rand der Form lösen und den Kuchen auf einem Kuchengitter abkühlen lassen.

Varianten
Den Teigdeckel nur mit einem verquirlten Eigelb bestreichen, ein Gittermuster einritzen und den Kuchen wie oben backen.

Oder den Teigdeckel mit Streuseln bedecken und dann backen.

In manchen Rezepten wird der Schwäbische Apfelkuchen nicht mit einem Teigdeckel belegt, sondern mit einem Guss gebacken: 4 Eigelb mit 100 g Zucker verrühren, 60 g Speisestärke und ¼ l Sauerrahm untermischen und zuletzt das steif geschlagene Eiweiß unterheben. Den Guss über den Äpfeln verteilen und den Kuchen hellgelb backen.

Apfelkuchen
mit Kartoffelguss

Für den Guss die weiche Butter mit Zucker und den Eigelb schaumig rühren. Zitronenschale, Salz und die abgezogenen, gemahlenen Mandeln unterrühren. Die Kartoffeln reiben oder durch eine Presse drücken und mit der Butter-Ei-Masse vermischen. Die Äpfel schälen, entkernen, in feine Blättchen schneiden und mit Zitronensaft übergießen, leicht zuckern (harte Äpfel einige Minuten vordünsten).
Den vorbereiteten Mürbeteig in eine gefettete und mit Bröseln ausgestreute Springform (oder Obstkuchenform) legen, den Rand hochziehen.
Die Eiweiß steif schlagen und unter den Kartoffelguss heben. Die Apfelschnitze mit einer Gabel in den Guss tauchen und auf den Mürbeteigboden legen. Den übrigen Guss über die Äpfel streichen. Den Kuchen im vorgeheizten Backofen auf der mittleren Schiene backen.

Den Apfelkuchen über Nacht in der Form durchziehen lassen, dann auf eine Kuchenplatte gleiten lassen.

Apfelkuchen mit Weinguss

Mürbeteig wie oben zubereiten; nach dem Einlegen in die Form den Rand etwa 2 cm hochziehen. 1 kg Äpfel vorbereiten und in Würfel schneiden, mit Zitronensaft beträufeln.
Den Guss über einem Wasserbad aufschlagen: 100 g Zucker mit 1 Prise Zimt, 4 Eiern sowie 400–500 ml Weißwein (z.B. Kerner) schaumig rühren. Zuletzt 2 EL Speisestärke unterziehen. Den Guss abkühlen lassen. Den Mürbeteigboden mit den Apfelstückchen belegen, den Weinguss darüber gießen und den Kuchen backen wie oben.
Oder: Die Speisestärke mit dem Wein verquirlen, Eier, Zucker und Zimt darunter rühren. Gleichmäßig über den Apfelstückchen verteilen.

FORM Springform 26 cm ⌀

TEIG Mürbeteig-Grundrezept, Seite 28

ZUM AUSSTREUEN
Semmelbrösel oder Biskuitbrösel

KARTOFFELGUSS
80 g Butter
100 g Zucker
3 Eier, getrennt
abgeriebene Schale von 1 Bio-Zitrone
1 Prise Salz
60 g abgezogene, gemahlene Mandeln
100 g gekochte Kartoffeln (vom Vortag)

BELAG 1 kg Boskoop oder andere Äpfel
Zitronensaft
Zucker

°C E-Herd 200 °C
Gasherd 3

BACKZEIT ca. 35–45 Minuten

TIPP
Kuchenböden, auch Tortenböden, können auf Vorrat gebacken und eingefroren werden. Einen Mürbeteig nach Grundrezept herstellen und ca. 30 Min. kalt stellen. Anschließend einfrieren.

Himbeerkuchen mit Weinguss, Rezept Seite 110

Himbeerkuchen
mit Weinguss

FORM	Springform 26 cm Ø
TEIG	180 g Weizenmehl (Type 405) 125 g Butter oder Margarine 50 g Zucker 1 Prise Salz abgeriebene Schale von 1 Bio-Zitrone 1 Ei oder 3–4 EL Dosenmilch
BELAG & GUSS	750 g Himbeeren, verlesen 3–4 EL Zucker 1/8 l Rotwein 1 EL Speisestärke
°C	E-Herd 175–200 °C Gasherd 2–3
BACKZEIT	ca. 25–30 Minuten

Das Mehl und die kalte Butter auf dem Backbrett mit der Hand zu feinen Klümpchen verreiben, die anderen Zutaten zufügen, rasch zusammen verkneten und den Teig einige Male auf dem Brett aufschlagen.
Den Bröselteig mit den Händen in einer gefetteten Backform verteilen und ohne Belag auf der mittleren Schiene im vorgeheizten Backofen backen. Die Stäbchenprobe machen.
Die vorbereiteten Himbeeren mit Zucker bestreuen und für eine Stunde kalt stellen.
Den gezogenen Saft absieben, mit dem Rotwein vermischen und eventuell noch etwas nachsüßen. Mit Speisestärke binden und aufkochen. Den Guss lauwarm über die auf den Kuchenboden dicht aufgelegten Himbeeren gießen, fest werden lassen und eventuell mit Schlagsahne verzieren.

Variante
Den Kuchenboden aus Rührteig, Grundrezept Seite 26, zubereiten.

Kirschkuchen
mit Grieß

Milch, Salz und 30 g Butter zum Kochen bringen, den Grieß langsam unter ständigem Rühren einstreuen, zu einem dicken Brei kochen, sofort das ganze Ei darunter rühren und die Masse kalt stellen.

Die restliche Butter schaumig rühren, Zucker, Eigelb, den kalten Grießbrei, Zitronenschale, gemahlene Mandeln, Zimt und zuletzt den steif geschlagenen Eischnee untermischen.

Den Boden und die Seiten der Springform mit Backtrennpapier auslegen und die Hälfte des Teiges hinein streichen. Unter den übrigen Teig die abgetropften und entsteinten Kirschen mischen und diese Masse gleichfalls in die Form geben.

Im vorgeheizten Backofen auf der mittleren Schiene backen. Unbedingt die Stäbchenprobe machen.

Den Grieß-Kirschkuchen in der Form abkühlen lassen. Dann den Springformrand lösen, eine Palette unter den Kuchen schieben und diesen abheben. Auf eine Servierplatte gleiten lassen.

Tipp

Die Masse nur dreiviertel hoch in die Form füllen – das verhindert ein Überlaufen der Masse beim Backen. Einen möglichen Rest in einer kleinen Form mit backen.

FORM	Springform 28 cm Ø
TEIG	3/4 l Milch 1 Prise Salz 100 g Butter oder Margarine 150 g Grieß, fein 1 Ei, ganz 200–220 g Zucker 6 Eier, getrennt abgeriebene Schale von 1 Bio-Zitrone 150 g abgezogene, gemahlene Mandeln 1/2 TL Zimt oder mehr (Menge nach Belieben) 1 Prise Nelken, gemahlen
BELAG	1 kg frische oder 1 Literglas eingedünstete, gut abgetropfte Kirschen, entsteint
°C	E-Herd 175–200 °C Gasherd 2–3
BACKZEIT	ca. 60 Minuten; dann 10 Minuten bei abgeschaltetem Ofen nachziehen lassen.

Obst- und Käsekuchen

FORM	Springform 26 cm ⌀
TEIG	200 g Butter oder Margarine 180–200 g Zucker 4 Eier 200 g Weizenmehl (Type 405) 1 P. Backpulver 125 g ungeschälte, gemahlene Mandeln 100 g geriebene Zartbitterschokolade 1 TL Zimt 3 EL Rum
BELAG	1 kg entsteinte Süßkirschen, gut abgetropft Puderzucker
°C	E-Herd 175–200 °C Gasherd 2–3
BACKZEIT	ca. 45–60 Minuten

Kirschkuchen
mit Schokolade

Den nach Grundrezept zubereiteten Schokoladenrührteig, siehe Seite 26, in einer gefetteten Springform gleichmäßig verteilen. Die Kirschen obenauf geben und leicht in die Oberfläche drücken. Den Kuchen im vorgeheizten Backofen auf der mittleren Schiene so lange backen, bis sich die Mitte fest anfühlt.

Den Kirschkuchen auf ein Kuchengitter stellen. Nach kurzem Abkühlen aus der Form nehmen und auf dem Kuchengitter vollständig auskühlen lassen. Mit Puderzucker überstäuben.

Variante
Den Kuchen mit Sauerkirschen backen.

Kirschbaumwiese

Kirschkuchen
mit Schwarzbrot

Das Schwarzbrot mit dem Wein anfeuchten. Die Butter mit dem gesiebten Zucker und den Eigelb schaumig rühren, Schwarzbrot dazu geben. Alle übrigen Zutaten einschließlich Zimt (falls gewünscht) unterrühren. Die Eiweiß mit Salz sehr steif schlagen. Zusammen mit den Kirschen unter die Teigmasse ziehen. Eine Form fetten und mit Weckmehl ausstreuen. Die Kuchenmasse einfüllen und den Kirschkuchen im vorgeheizten Backofen auf der mittleren Schiene zu schöner Farbe backen.

In der Form abkühlen lassen, dann auf eine Kuchenplatte geben.

FORM	Springform 26 cm Ø
TEIG	125 g altbackenes Schwarzbrot (Roggenbrot), fein gerieben 2–3 EL Rotwein 125 g weiche Butter 250 g Zucker 6 Eier, getrennt 125 g gemahlene Mandeln je 60 g Zitronat und Orangeat, sehr fein gehackt abgeriebene Schale von ½ Bio-Zitrone 1 TL Zimt oder ½ TL gemahlene Nelken (nach Belieben) 1 Prise Salz
BELAG	1 kg entsteinte schwarze Süßkirschen, gut abgetropft
ZUM AUSSTREUEN	Weckmehl oder Mutschelmehl
°C	E-Herd 175–200 °C Gasherd 2–3
BACKZEIT	ca. 45–60 Minuten

ANMERKUNG
Zitronat, Orangeat, Zitronenschale und Mandeln können auch mit den Kirschen vermischt und unter die gerührte Eigelbmasse gemengt werden. Zuletzt mit dem steif geschlagenen Eischnee durchziehen.

Kirschkuchen mit Schokolade, Rezept Seite 112

Obst- und Käsekuchen

FORM	Springform 26 cm ⌀
TEIG	Mürbeteig, Grundrezept Seite 28
BELAG	1 kg reife Mirabellen Saft von ½ Zitrone 50 g Zucker feine Zwiebackbrösel
GUSS	2 EL Speisestärke 200 ml süßer Rahm (Sahne) 60 g Zucker 2 Eier, getrennt abgeriebene Schale von ½ Bio-Zitrone oder 1 EL Mirabellenschnaps
ZUM BESTÄUBEN	Puderzucker
ANFANGSBACKHITZE °C	E-Herd 160 °C Gasherd 2
BACKZEIT	ca. 20 Minuten
FERTIG BACKEN °C	E-Herd 200 °C Gasherd 3
BACKZEIT	20–25 Minuten
VARIANTE BELAG	1,25 kg Rhabarber, möglichst rotstielig (ohne Zitronensaft) 150–200 g Zucker (statt 100 g)

Mirabellenkuchen

Den Mürbeteig nach Grundrezept zubereiten, auswellen und in die gefettete Springform legen. Einige Male mit einer Gabel in die Teigoberfläche einstechen, damit sich keine Blasen beim Backen bilden und ca. 45 Min. kühl stellen.
Die Mirabellen entkernen, mit Zitronensaft beträufeln und zuckern. Auf die mit Zwiebackbröseln bestreute Teigplatte geben. Im vorgeheizten Backofen auf der mittleren Schiene bei 160 °C ca. 20 Min. vorbacken. Speisestärke und Rahm verrühren, Zucker, Eigelb, Zitronenschale oder Schnaps und zuletzt den Eischnee unterziehen und den Guss auf den Mirabellen verteilen. Den Kuchen bei höherer Temperatur fertig backen.

Den Kuchen in der Form auf einem Kuchengitter lauwarm abkühlen lassen und mit Puderzucker bestäuben. Anschließend mit Hilfe einer Palette auf einen Kuchenteller gleiten lassen.

Rhabarberkuchen

Den Rhabarber schälen, in ca. 2 cm große Stücke schneiden, in einen Topf geben und mit kochendem Wasser übergießen. Das Wasser sofort wieder abschütten, den Rhabarber gut abtropfen lassen, einzuckern und auf die mit Zwiebackbröseln bestreute Teigplatte geben.

Tipps

Ist der Rhabarber zart und jung, kann das vorherige Aufkochen und Zuckern entfallen.
Den Rhabarber dann nur putzen, in Stückchen schneiden, einzuckern und über Nacht durchziehen lassen.
Evtl. während des Backens die Backofentüre mit einem Kochlöffel etwas geöffnet halten, damit der Dampf abziehen kann.

Stachelbeerkuchen

Den Mürbeteig aus den angegebenen Zutaten zubereiten und über Nacht kühl stellen.
Die Stachelbeeren waschen, putzen und abtropfen lassen. Mit der Butter und dem Zucker in einem Topf (möglichst mit dickem Boden) unter Rühren anschmoren. Den Rum zugießen und die Stachelbeeren bei milder Hitze etwa 10 Minuten dünsten, über Nacht kühl stellen.
Den Mürbeteig nochmals durchkneten, evtl. noch etwas mehr Mehl zugeben. Eine Kuchenform fetten, die Teigmasse zwischen Backtrennpapier oder Klarsichtfolie auswellen und zusammenfalten. In die Form legen, auseinander falten und die Ränder etwas hochziehen. Den Kuchenboden mit Pergamentpapier belegen, mit Hülsenfrüchten füllen und blind etwa 15 Min. vorbacken, siehe Seite 9. Die Hülsenfrüchte entfernen, weitere 5 Min. backen. Dann mit Bröseln bestreuen. Die Stachelbeermasse darauf verteilen und den Kuchen weitere 15 Min. backen.
Eiweiß mit Salz und der Hälfte des Zuckers steif schlagen, den restlichen Zucker mit dem Kochlöffel unter den Eischnee heben. Die Masse in einen Spritzsack füllen und ein Gitter über die Stachelbeeren spritzen. Weiterbacken, bis das Gitter goldgelb ist.

Kurz in der Form stehen lassen, dann den Springformrand lösen, den Kuchen mit Hilfe einer Palette auf eine Servierplatte schieben. Lauwarm oder kalt servieren.

Varianten

Dieser Kuchen kann auch mit anderen vorbereiteten Früchten wie z.B. Erdbeeren, Heidelbeeren oder Preiselbeeren gebacken werden.
Das Baisergitter unter dem vorgeheizten Backofengrill etwa 5 Min. überbacken, dann entfällt die zusätzliche Backzeit bei reduzierter Temperatur.

FORM	Springform 26 cm Ø
TEIG	Mürbeteig, Zubereitung Seite 28 200 g Weizenmehl (Type 405) 50 g Zucker 2 EL Sauerrahm 1 Eigelb 1 Prise Salz 125 g kalte Butter
BELAG	750 g grüne Stachelbeeren* ca. 100 g Zucker – oder mehr nach Belieben 40 g Butter 2 cl Rum, 54 Vol.-%
ZUM BESTREUEN	Zwiebackbrösel oder feine Semmelbrösel
BAISERGITTER	2 Eiweiß 1 Prise Salz 125 g feiner Zucker
°C	E-Herd 175–200 °C Gasherd 2–3, dann mit Baiser 150 °C/ 1–2
BACKZEIT	Blindbacken: 15 Minuten; dann, ohne Hülsenfrüchte, weitere 5 Minuten. Mit Füllung weitere 15 Minuten; Baisergitter ca. 15–20 Minuten (bei zurückgenommener Backofentemperatur).

* Die Stachelbeeren probieren; sind sie sehr sauer, mehr Zucker zugeben.

Mirabellenkuchen, Rezept Seite 116

Obst- und Käsekuchen

Einen ganz besonderen Zwetschgenkuchen beschreibt Friederike J. Löffler in ihrem „Oeconomischen Handbuch für Frauenzimmer":

„Eine Brodspeise von Prunellen* *(siehe Fußnote Seite 121)*
Für 6 Personen reibt man 4 starke Hände voll Brod, vermengt sie mit 2 Händen voll gestoßenem Zucker, einem halben Loth Zimmet, der abgeriebenen Schale von einer halben Zitrone, 6 Loth geschälten und zart gestoßenen Mandeln nebst 4 Loth gewaschenen kleinen Rosinen, und feuchtet dieß alles mit einem Viertelpfund zerlassener frischer Butter an. Alsdann kocht man 1 Pfund Prunellen (geschälte Zwetschgen) mit halb Wein und halb Wasser nebst einem Stückchen Zucker weich und ganz kurz ein, bestreicht ein rundes Becken, welches auf den Tisch gegeben werden kann, oder eine Porzellanplatte mit Butter, breitet von dem vermengten Brod fingersdick darein, legt die Prunellen darauf, das übrige Brod darüber, drückt es mit einem Messer schön zusammen, backt es im Ofen langsam gelb, und überstreut es mit Zucker, ehe es aufgetragen wird. Es kann als Zwischenplatte oder auch als Nachtisch gegeben werden."

Zwetschgenkuchen
mit Guss

Eine gefettete, runde Kuchenform mit Mürbeteig auslegen. Die gewaschenen Zwetschgen halbieren, den Stein entfernen und jede Fruchthälfte nochmals leicht einschneiden. Die Schnitze mit dem Zucker bestreuen und etwa 1 Std. zugedeckt stehen lassen. Die Teigplatte mit Bröseln oder Mandeln bestreuen, die Zwetschgen mit der Schnittfläche nach oben schuppenartig darauf legen. Den Kuchen auf der mittleren Schiene im vorgeheizten Backofen 10 Min. vorbacken.

Zum Guss die Speisestärke mit dem Rahm verquirlen, Eier, Zucker und Zitronenschale darunter mischen. Den Guss gleichmäßig über die Zwetschgen verteilen und den Kuchen im vorgeheizten Backofen auf der mittleren Schiene fertig backen.

Den fertig gebackenen Kuchen auf einen Gitterrost stellen, nach etwa 30 Min. den Ring abnehmen und den Kuchen vollständig auskühlen lassen.

Variante

Von einem Päckchen Vanillepudding mit Milch, Zucker und Eigelb einen Pudding kochen. Kalt schlagen und ¼ l Sauerrahm unterziehen. Den Guss gleichmäßig auf den Zwetschgen verteilen und den Kuchen wie oben backen. Evtl. 10 Min. vor Ende der Backzeit mit Zucker bestreuen. Sollte die Oberfläche zu dunkel werden, den Kuchen mit Alufolie bedecken.

FORM Springform 26 cm Ø

TEIG Mürbeteig, Grundrezept Seite 28
½–1 kg Zwetschgen
120 g Zucker
2 EL Semmel- oder Zwiebackbrösel oder gehackte Mandeln

GUSS 2 EL Speisestärke
¼ l Sauerrahm
2 Eier
60 g Zucker
abgeriebene Schale von 1 Bio-Zitrone

ANFANGSBACKHITZE
°C E-Herd 200 °C
Gasherd 3
BACKZEIT ca. 10 Minuten

FERTIG BACKEN
°C E-Herd 200–225 °C
Gasherd 3–4
BACKZEIT ca. 35–40 Minuten

* Prunellen sind Schlehen, sie wachsen an dornenreichen Büschen im Schlehen- und Heckengäu und auch auf der Schwäbischen Alb. Der Geschmack der schwarzblauen Früchte ist sauer und adstringierend (auf schwäbisch: ziagt d'Gosch zsamma). Vermutlich handelt es sich bei diesem Rezept um die „Zibärtle", halbwilde Zwetschgen, die manchmal noch in Hausgärten anzutreffen sind. Das Wort Prunelle kommt vom französischen „prune"= Zwetschge/Pflaume. Die lateinische Bezeichnung der Gattung ist „Prunus"; die Schlehe, die „Urmutter" aller Zwetschgen heißt „Prunus spinosa". Die Zwetschgenfamilie, zu der auch die Pflaume, die Reneklode und die Mirabelle gehören, heißt „Prunus domestica"; Zwetschgen und Pflaumen zählen beide zu den Rosaceae-Gewächsen.

Käsekuchen

FORM Springform mit hohem Rand 30 cm Ø

TEIG Mürbeteig I, Grundrezept Seite 28 (jedoch mit 220 g Mehl, 60 g Zucker, 100 g kalter Butter 1–2 EL Sauerrahm und 2 Eigelb) 6 Eier, getrennt

FÜLLUNG 750 g Magerquark (Luckeleskäs)
200 g Zucker
100 g Weizenmehl (Type 405)
abgeriebene Schale von 1 Bio-Zitrone
½ TL Vanillemark oder 1 P. Vanillezucker
⅛ l Milch
¼ l süßer Rahm/Sahne
2–3 EL Zibeben

°C E-Herd 200–225 °C
Gasherd 3–4

BACKZEIT ca. 55–65 Minuten

TIPP
Den Käsekuchen zunächst 15 Minuten bei 225 °C vorbacken und dann bei 140 °C in 45 Minuten fertig backen.

Thaddäus Troll schreibt in seinem unvergessenen Buch „Deutschland deine Schwaben" über den „Quark": „Der Käskuchen ist süß und wird aus Luckeleskäs gemacht. Luckele sind junge Hühner, die mit Quark gefüttert wurden. Dieser ordinäre preußische Quark hat erst im letzten Krieg durch die Lebensmittelzuteilungen den bildhaften Luckeleskäs verdrängt."

Den Mürbeteig nach Grundrezept zubereiten. Zwischen Klarsichtfolie ca. 10 cm größer als die Form auswellen und in die gefettete Springform legen. Den Rand hochziehen und den Boden mit einer Gabel einige Male einstechen. Die Eiweiß zu steifem Schnee schlagen und kalt stellen. Dann alle anderen Zutaten mit den 6 Eigelben, jedoch ohne die Zibeben, gut verrühren. Zuletzt den Eischnee unter die Masse heben und diese auf der Teigplatte verteilen. Die Zibeben darüber streuen und ganz leicht unter die Oberfläche drücken. Im vorgeheizten Backofen auf der mittleren Schiene backen.
Nach ca. 20 Min. Backzeit mit einem spitzen Messer zwischen Rand und der sich schon langsam bräunenden, aufgehenden Quarkmasse fast bis zum Boden einschneiden, damit der Kuchen noch weiter aufgehen kann. Nach ca. weiteren 20 Min. Backzeit den Kuchen mit Pergamentpapier bedecken, damit er nicht zu braun wird.

Nach dem Backen den Kuchen ganz kurz abkühlen lassen, dann auf ein Drahtgitter stürzen. Nach ca. 30 Min. den Rand des Springblechs (Springform) wieder um den Kuchen legen und verschließen, bis der Kuchen ganz abgekühlt ist. Oder den Kuchen ca. 2 Stunden in der Form auskühlen lassen, dann den Springformrand entfernen und eine breite Palette unter den Kuchen schieben. Mithilfe der Palette auf eine Platte gleiten lassen.

Käsekuchen
mit Rumrosinen

Für den Teig die Butter schaumig rühren, nach und nach die anderen Zutaten beigeben und den Teig in eine mit Backpapier ausgelegte Springform drücken (der Teig ist leicht krümelig). Auch den Rand mit einem Streifen Backpapier belegen, dann löst sich der Kuchen später leichter aus der Form. In die schaumig gerührte Butter abwechselnd Eigelb und Zucker einrühren (Rührdauer von Hand 20 Min., mit dem Handrührgerät ca. 2 Min.). Den Quark („Luckeleskäs") durch ein Sieb streichen und mit den anderen Zutaten, außer den Rumrosinen, unter die Schaummasse rühren. Die Rumrosinen mit etwas Mehl bestäuben, in die Masse drücken und zuletzt den Eischnee unterheben. Die Masse auf den Kuchenteig streichen und im vorgeheizten Backofen auf der mittleren Schiene zu schöner Farbe backen. Falls die Oberfläche zu schnell bräunt, mit Pergamentpapier oder Alufolie bedecken; am besten 10 Minuten vor Ende der Backzeit zudecken.

Den Käsekuchen (Schwaben sagen immer „Käskuchen" dazu) in der Form auf einem Gitter auskühlen lassen. Dann den Ring lösen, das Backpapier abziehen und den Kuchen mit Hilfe einer Palette auf eine Platte geben. Dabei die Palette zwischen Backpapier und Kuchenboden schieben.
Oder den Kuchen mit der Oberseite nach unten auf ein Kuchengitter stürzen und abkühlen lassen. Empfiehlt sich nur für Geübte.

FORM	Springform ca. 24 cm Ø
TEIG	50 g Butter
	50 g Zucker
	8 EL (ca. 75 ml) süßer Rahm (Sahne) oder Milch
	200 g Weizenmehl (Type 405)
	1 P. Backpulver
BELAG	80 g Butter
	4 Eier, getrennt
	120 g Zucker
	600 g Quark (Topfen), gut abgetropft
	3 EL Mehl
	$1/4 - 3/8$ l Sauerrahm
	1/2 TL Zimt, nach Geschmack abgeriebene Schale von 1 Bio-Zitrone
	60 g Rumrosinen
°C	E-Herd 175–200 °C
	Gasherd 2–3
BACKZEIT	ca. 45–60 Minuten

König-Wilhelm-Torte, Rezept Seite 139

Torten

Zur Herstellung feiner Torten ist nicht nur der Teig, sondern auch das Füllen und Verzieren wichtig. Die Teigmenge ist, falls nicht anders angegeben, jeweils für eine Springform von 26 cm Ø berechnet.
Bei Biskuitteig nur den Boden der Springform fetten (den Rand frei lassen) und mit feinen Zwieback- oder Semmelbröseln oder Mehl ausstreuen. Oder den Boden mit Backtrennpapier (siehe Seite 8) belegen.
Wird nur der Boden gefettet, geht der Teig gleichmäßig in die Höhe. Andere Teigmassen werden in ganz gefettete und evtl. mit Bröseln oder wenig Mehl ausgestreute Formen (Boden und Rand) gefüllt. Es gibt aber auch Backformen, die nicht gefettet werden müssen (Herstellerangaben beachten). Zum Backen von dünnen Böden aus Rühr- oder Biskuitteig ist für jeden Boden eine Backdauer von etwa 8–12 Min. bei guter Mittelhitze erforderlich. Blätterteig wird auf nassem Blech und bei stärkerer Hitze gebacken und durch Einstechen mit einer Gabel aufgelockert.

Das Durchteilen, Füllen und Verzieren von Torten

Die erkaltete oder am Vortag gebackene Torte am Rand ringsum (in gleicher Höhe) mit kleinen Einschnitten versehen und dadurch die Dicke der einzelnen Lagen bezeichnen; die Torte lässt sich an diesen Einschnittstellen entlang mit waagerecht geführtem Messer exakt durchteilen.

Ist der Tortenboden noch nicht ganz erkaltet, wird die Torte mit Hilfe eines dünnen, aber starken Bindfadens durchgetrennt. Ein langes Stück Bindfaden in gleicher Höhe um den Kuchenrand legen, die Enden überkreuzen und den Faden gleichmäßig zusammenziehen. Dabei wird der Kuchenboden horizontal geteilt. Dann unter den Tortenboden ein Stück Pergamentpapier schieben – so lässt er sich mühelos abheben.

Die Oberfläche der Torte je nach Rezeptzutaten mit Creme oder Glasur bedecken. Die Torte vor dem Glasieren mit glattgerührter, durchpassierter Konfitüre dünn bepinseln.

Zwei zusammengefaltete Bogen Pergamentpapier über Kreuz unter eine Torte, die glasiert werden soll, legen. Sie lässt sich nach der Glasur leicht von der Arbeitsplatte abheben, ohne dass die Glasur beschädigt wird.

Wird die Torte nur mit Puderzucker oder mit Kakao bestäubt, kann man für die Dekoration Schablonen (selbst ausgeschnitten oder aus dem Papierwarenhandel oder Konditoreibedarf) verwenden. Diese werden auf die Oberfläche gelegt, gleichmäßig mit Puderzucker bestäubt und dann vorsichtig von der Torte abgehoben. So entsteht ein hübsches Muster.

Weitere Verzierungen können mit mehrfarbiger Glasur, gespritzter Buttercreme, Marzipan, Zuckerzeug und Ähnlichem hergestellt werden. Fertige Torten bis zum Gebrauch kalt stellen.

Eine Torte ergibt 12–16 Stücke.

Stachelbeertorte

Den Mürbeteig nach Grundrezept zubereiten und einige Stunden kühl stellen.

Die Stachelbeeren putzen, waschen und abtropfen lassen. Zucker mit Wasser und der aufgeschlitzten Vanillestange zu einem dicken Sirup kochen. Die vorbereiteten Stachelbeeren hineingeben und darin bei geringer Hitzezufuhr weich köcheln. Dann in ein Sieb geben und gut abtropfen lassen.

Die Teigmasse teilen: ⅔ der Masse für den Boden verwenden, zwischen Klarsichtfolie auswellen, zusammenfalten und in die gefettete Springform legen, dabei die Ränder etwa 2 cm hochziehen. Den Tortenboden mit Hülsenfrüchten füllen und im vorgeheizten Backofen auf der mittleren Schiene ca. 15 Min. blind vorbacken (siehe Seite 9).

Die Hülsenfrüchte entfernen und die gedünsteten Stachelbeeren einfüllen. Das restliche Teigdrittel zwischen Klarsichtfolie auswellen und dann mit dem „Teigrädle" in schmale Streifen schneiden. Diese gitterartig über die Stachelbeeren legen. Das Gitter mit verquirltem Eigelb bestreichen und die Torte fertig backen.

Die Torte kurz stehen lassen, dann aus der Form nehmen und auf einem Kuchengitter auskühlen lassen.

FORM	Springform 24–26 cm Ø
TEIG	Mürbeteig, Grundrezept Seite 28
BELAG	750 g grüne Stachelbeeren 125 g Zucker ¼ l Wasser 1 Vanillestange, aufgeschlitzt Erbsen oder Bohnen zum Blindbacken
ZUM BESTREICHEN	1 verquirltes Eigelb
°C	E-Herd 175–200 °C Gasherd 2–3
BACKZEIT	Blindbacken 15 Minuten; dann nochmals 30 Minuten

Rhabarbertorte
mit Baisergitter

FORM	Springform 26 cm ⌀
TEIG	Rührteig, Grundrezept Seite 26
	125 g Butter oder Margarine
	125 g Zucker
	1 Ei
	2 Eigelb
	50 g Speisestärke
	125 g Weizenmehl (Type 405)
	1 TL Backpulver
BELAG	1,25 kg junger Rhabarber
BAISERMASSE	
	2 Eiweiß
	125 g Zucker
	etwas abgeriebene Zitronenschale (Bio-Zitrone)
ZUM BESTÄUBEN	
	Puderzucker
ANFANGSBACKHITZE	
°C	E-Herd 200–225 °C
	Gasherd 3–4
BACKZEIT	ca. 25–30 Minuten
FERTIG BACKEN	
°C	dann E-Herd 180 °C
	Gasherd 2–3
BACKZEIT	ca. 10–15 Minuten

Den Rührteig nach Grundrezept zubereiten und mit einem feuchten Backspatel in die gefettete Springform streichen. Den geputzten Rhabarber in 2 cm lange Stücke schneiden und auf der Teigplatte verteilen. Im vorgeheizten Backofen auf der mittleren Schiene 25 Min. vorbacken.

Eiweiß sehr steif schlagen und den Zucker unter weiterem Schlagen einrieseln lassen, die Zitronenschale darunter mischen. Die Baisermasse in einen Spritzbeutel mit Tülle füllen und ein Gitter auf die Torte spritzen. Die Backhitze zurücknehmen und die Torte weiterbacken, bis das Baisergitter goldgelb ist (öfter kontrollieren).

Die Torte in der Form auf einem Kuchengitter abkühlen lassen, mit Puderzucker bestäuben und aus der Form nehmen.

Variante
Die Torte ca. 30 Minuten backen, das Baisergitter aufspritzen und bei Oberhitze noch ca. 6–8 Minuten weiterbacken. Evtl. den Rand mit Mandelblättchen verzieren.

Quittentorte

Den Mürbeteig nach Grundrezept zubereiten, auswellen, eine gefettete Springform damit auslegen und die Ränder etwa 2 cm hochziehen. Dann den Teigboden mit Zwiebackbröseln und Mandeln oder Haselnüssen bestreuen. Die gedünsteten Quittenschnitze gut abtropfen lassen und als Belag nicht zu dicht auf dem Teigboden verteilen.
Die frischen Quitten für den Guss abreiben, waschen, schälen, vierteln und entkernen. Die Viertel in reichlich Wasser weich kochen, auf einer Raffel reiben oder im Mixer grob pürieren. Dann 200 g Quittenmasse abmessen, die übrige Quittenmasse z. B. für Quittenspeck (Seite 198) verwenden.
Die oben genannten Zutaten, einschließlich Eigelb, mit der abgemessenen Quittenmasse gut mischen. Eiweiß zu steifem Schnee schlagen und zuletzt unter die Masse heben. Den Guss über die Quittenschnitze streichen und die Torte im vorgeheizten Backofen auf der mittleren Schiene backen.

Die Quittentorte in der Form auskühlen lassen, dann auf eine Kuchenplatte geben.

Variante

Den Teigboden mit Quittenmark (Quittengsalz) bestreichen, gedünstete Quitten auflegen und dann mit dem Guss bedecken. Mit feinem Zucker bestreuen und backen wie oben.

FORM	Springform 24–26 cm Ø
TEIG	Mürbeteig, Grundrezept Seite 28
BELAG	750 g frische Quitten, in 250 g Zucker und 3/8 l Wasser gedünstet oder eingedünstete Quitten 2 EL Zwiebackbrösel 30 g geschälte, gemahlene Mandeln oder Haselnüsse
GUSS	3–4 mittelgroße Quitten 180 g Zucker 90 g geschälte, gemahlene Mandeln abgeriebene Schale von 1 Bio-Zitrone 3 Eier, getrennt
°C	E-Herd 175–200 °C Gasherd 2–3
BACKZEIT	ca. 40 Minuten

Quittentorte, Rezept Seite 129

Träublestorte (Johannisbeertorte) mit Baiserguss

FORM	Springform 26 cm Ø
TEIG	Mürbeteig-Grundrezept, Seite 28
ZUM AUFSTREUEN	ca. 2 EL Zwiebackbrösel oder zerbröckelte Löffelbiskuits
BELAG	500–750 g rote Träuble (Johannisbeeren) 2–3 EL Zucker
BAISERMASSE	6 Eiweiß 1 Prise Salz 180 g Zucker 180 g geschälte, geriebene Mandeln abgeriebene Schale von ½ Bio-Zitrone
ANFANGSBACKHITZE °C	E-Herd 175–200 °C Gasherd 2–3
BACKZEIT	ca. 30 Minuten
FERTIG BACKEN °C	E-Herd 175 °C Gasherd 2
BACKZEIT	ca. 10–15 Minuten

Den Mürbeteig nach Grundrezept zubereiten, auswellen und in eine gefettete Springform legen, ca. 30 Minuten kühl stellen. Anschließend den Tortenboden einige Male einstechen und mit Bröseln bestreuen. Die gewaschenen, gut abgetropften Träuble (Johannisbeeren) mit einer Gabel entstielen und mit etwas Zucker bestreuen.

Die Eiweiß mit Salz zu sehr steifem Schnee schlagen, Zucker einrieseln lassen und kurz mitrühren. Die Mandeln und die Zitronenschale darunter mischen.

Die Baisermasse teilen, die eine Hälfte mit den abgetropften Johannisbeeren vermischen und auf den mit Zwiebackbröseln bestreuten Kuchenboden verteilen. Im vorgeheizten Backofen auf der mittleren Schiene 30 Minuten vorbacken.

Dann den restlichen Baiserguss über die Träublemasse verteilen, die Spitzen etwas hochziehen (oder den Guss aufspritzen – siehe Abb. Seite 136/137) und die Torte fertig backen (ca. 10–15 Minuten bzw. bis der Baiser eine goldgelbe Farbe angenommen hat).

Die Träublestorte abkühlen lassen und frisch servieren. Keinesfalls lange stehen lassen.

Tipps

Da die Johannisbeeren beim Backen viel Saft abgeben, muss der Boden reichlich mit Bröseln bestreut oder ca. 10 Minuten blind (d. h. ohne Belag, vgl. Seite 9) vorgebacken werden, damit der Boden nicht durchweicht. In ca. 25 Min. fertig backen.

Oder zum Überbacken die Backhitze auf ca. 100 °C zurücknehmen, den Backofen einen Spalt breit öffnen und den Baiser solange backen, bis er knusprig ist.

Weichselkirschtorte

Den Mandelbiskuit zusammen mit den weiteren Teigzutaten zubereiten, in die vorbereitete Springform füllen und backen.

Nach dem Auskühlen die Torte einmal quer durchschneiden, siehe Seite 126, und mit Buttercreme bestreichen. Die sehr gut abgetropften Weichselkirschen darauf verteilen. Den Deckel auflegen und die Torte rundum mit Puderzuckerglasur bestreichen. Mit einigen schönen Kirschen dekorieren.

Variante
Die Torte statt mit Puderzuckerglasur mit Schokoladenglasur, Seite 38, bestreichen.

Die Torte kann man entweder mit einem festen Faden durchtrennen, dabei den Faden um die Torte legen und kräftig zuziehen, oder, wie hier abgebildet, mit einem breiten Messer durchschneiden.

FORM	Springform 24 cm Ø
TEIG	Mandelbiskuit, Grundrezept Seite 31 je 20 g Zitronat und Pomeranzenschale, sehr fein geschnitten 40 g Zartbitterschokolade, gerieben* 1 Prise Zimt 2 EL Rum
FÜLLUNG	Buttercreme, Seite 36 750 g eingedünstete Weichselkirschen (Sauerkirschen), gut abgetropft einige Kirschen zur Dekoration zurück behalten
ZUM BESTREICHEN	Puderzuckerglasur, Seite 37
°C	E-Herd 175–200 °C Gasherd 2–3
BACKZEIT	ca. 50 Minuten

*TIPP
Schokolade lässt sich leichter reiben, wenn sie für kurze Zeit in den Kühlschrank gelegt wird.

FORM	Springform 24 cm ⌀
TEIG	8 Eier, getrennt 180–200 g Zucker, je nach Geschmack abgeriebene Schale und Saft von 1 Bio-Zitrone 260 g geschälte, gemahlene Mandeln 2 EL Speisestärke
ZUM BESTREICHEN	Puderzucker-Glasur oder Arrakglasur, Seite 37
°C	E-Herd 180 °C Gasherd 2–3
BACKZEIT	ca. 45 Minuten

Weiße Mandeltorte

Ein einfaches Rezept mit schmackhaftem Ergebnis – auch für Anfänger geeignet!

Die Eigelb, Zucker, Zitronenschale und -saft mindestens 10 Minuten schaumig rühren. Die Speisestärke sowie die Hälfte der fein gemahlenen Mandeln zufügen. Die restlichen Mandeln mit dem steifen Eischnee mischen, locker unter die Tortenmasse ziehen und diese in eine gefettete oder mit Backtrennpapier ausgelegte Springform füllen. Die Torte im vorgeheizten Backofen auf der mittleren Schiene backen.

Die Torte kurz stehen lassen, aus der Form nehmen und auf einem Kuchengitter vollständig auskühlen lassen. Mit Puderzucker bestäuben oder beliebig glasieren oder dekorieren (siehe Seite 126).

Haselnusstorte

Die Eigelbe mit Zucker schaumig rühren, Vanillezucker oder Zitronensaft und -schale zugeben, die gemahlenen Haselnüsse und Mehl zufügen und zuletzt den sehr steif geschlagenen Eischnee unterheben. Die Masse in eine gefettete Springform einfüllen und glatt streichen. Im vorgeheizten Backofen auf der mittleren Schiene backen.

Die Torte auskühlen lassen und kurz vor dem Füllen einmal quer durchschneiden (siehe Seite 126). Für die Füllung die Sahne steif schlagen und den Zucker und die gemahlenen Haselnüsse locker darunter ziehen. Etwa ⅔ der Nuss-Sahne auf den unteren Tortenboden streichen, die andere Tortenhälfte darauf decken. Die restliche Nuss-Sahne in einen Spritzsack füllen und auf die Oberfläche spritzen oder die Sahne einfach in der Mitte der Torte locker aufhäufen. Ein paar ganze Haselnüsse zum Verzieren obenauf setzen.

FORM	Springform 24 cm ⌀
TEIG	8 Eier, getrennt 200 g Zucker 1 P. Vanillezucker oder Saft und abgeriebene Schale von 1 Bio-Zitrone 250 g geröstete, geschälte, gemahlene Haselnusskerne* 2 EL Weizenmehl oder Speisestärke
FÜLLUNG	¼ l süßer Rahm (Sahne) 1 TL Zucker 150 g gemahlene Haselnüsse ganze Haselnüsse zur Dekoration
°C	E-Herd 175–200 °C Gasherd 2–3
BACKZEIT	ca. 50–60 Minuten

* Haselnüsse rösten: Die Nusskerne ohne Fett in einer Bratpfanne rösten, bis die Häutchen aufspringen. Etwas abkühlen lassen, dann die Nüsse zwischen den Händen reiben und somit die Häutchen entfernen. Anschließend die Nüsse im Blitzhacker oder in der Küchenmaschine, evtl. auch in einer Kaffeemühle, oder mit der Nussmühle fein mahlen.

Träublestorte, Rezept Seite 132

Paulinentorte

Der Name der Paulinentorte geht höchstwahrscheinlich auf Pauline zu Wied, Fürstin von Württemberg, zurück. Sie war das einzige überlebende Kind von Wilhelm II., dem letzten württembergischen König. Ihre Hochzeit mit dem Erbprinzen Friedrich zu Wied 1898 war ein glänzendes Fest. Ob bei dieser Gelegenheit die Torte erfunden wurde, ist allerdings nicht belegt.

FORM   Springform 24 cm ∅ mit hohem Rand

TEIG
270 g weiche Butter
270 g Zucker
9 Eier
1 Prise Salz
270 g Weizenmehl (Type 405)

CREME
30 g Speisestärke
125 g Zucker
2 EL Kakao
2 Eier
½ TL Vanillepuddingpulver
¼ l Milch
125 g gehackte Mandeln, leicht geröstet
125 g weiche Butter

°C   E-Herd 175 °C
Gasherd 2–3

BACKZEIT ca. 10–12 Minuten pro Boden

TIPP
Der Boden ist fertig gebacken, wenn seine Oberfläche in der Mitte auf Fingerdruck elastisch nachgibt.

Die Butter mit Zucker sowie den Eiern und etwas Salz glatt rühren. Das Mehl zu einem Kranz formen und die Butter-Eier-Mischung in die Mitte geben. Alles rasch zu einem Teig kneten.
Den Boden der Springform zuerst fetten, dann mit einem zugeschnittenen Pergamentpapier belegen (in Bodengröße). Den Teig in 8–10 Portionen teilen und dünne Platten auswellen. Nacheinander im vorgeheizten Backofen auf der mittleren Schiene backen.

Die Böden einzeln auskühlen lassen.
Die Zutaten zur Creme, einschließlich der Milch, unter Rühren dick einkochen. Anschließend kalt rühren. Dann die gerösteten Mandeln unterziehen. Die Butter schaumig rühren und ebenfalls unter die Creme ziehen. Jeden Boden mit der Creme bestreichen und die Torte zusammensetzen (ein umgelegter Tortenring erleichtert die Arbeit, siehe Abbildung links). Die Torte mit der restlichen Creme bestreichen. Und nach Belieben verzieren.

Variante
Die Torte mit einer Schokoladenglasur, Seite 38, überziehen und auf die noch feuchte Oberfläche gehackte Pistazien streuen.

König-Wilhelm-Torte

Die König-Wilhelm-Torte wurde nach dem letzten württembergischen König benannt. König Wilhelm II. galt als volksnah und war bei der Bevölkerung sehr beliebt. Noch heute erzählt man sich, dass die Stuttgarter „Grüß Gott, Herr König" sagten, wenn sie ihm und seinen beiden Hunden begegneten und er als Erwiderung seinen Hut zog.

Die weiche Butter schaumig rühren. Nacheinander die Eigelb zugeben, weiter rühren und zuletzt den Zucker einrühren. Das dauert von Hand etwa 30 Min., mit dem elektrischen Handrührgerät ca. 5 Min.
Die gerösteten Haselnüsse grob mahlen und mit 100 g Zucker in einer Pfanne ohne Fett unter Rühren leicht karamellisieren. Anschließend abkühlen lassen. Haselnüsse und Mandeln zur Eigelbmasse geben. Die Eiweiß mit Salz steif schlagen und unterheben. Zuletzt das Mehl mit einem Kochlöffel leicht unterziehen. Die Masse in eine mit Backpapier ausgelegte Springform geben, glatt streichen und im vorgeheizten Backofen (mittlere Schiene) backen. Die Stäbchenprobe machen. Während die Torte auskühlt, das Aprikosengsälz mit Schnaps verrühren, die Buttercremes und die Tränke zubereiten. Hierzu den Wein mit dem Zucker und Rum erhitzen. Wenn sich der Zucker aufgelöst hat, die Tränke abkühlen lassen.
Die Torte in 5 Böden teilen, siehe Seite 126. Den ersten Boden auf eine Servierplatte legen, dünn mit verrührtem Aprikosengsälz bestreichen. Den zweiten Boden darauf legen und mit Punschbuttercreme bestreichen. Den dritten Boden mit der vorbereiteten Tränke benetzen und Punschbuttercreme darauf streichen. Den vierten Boden wieder mit Aprikosengsälz bestreichen und den fünften Boden als Deckel aufsetzen. Die Torte mit Punschbuttercreme bestreichen, die Oberfläche mit Krokant bestreuen und mit Krokantbögen verzieren. Die Schokoladenbuttercreme in einen Spritzsack füllen und einen dekorativen Rand aufspritzen.

FORM Springform 24 cm Ø mit hohem Rand

TEIG
150 g weiche Butter
8 Eigelb
150 g feiner Zucker
150 g geröstete Haselnüsse, siehe Seite 135
100 g Zucker
150 g geschälte, gemahlene Mandeln
8 Eiweiß
1 Prise Salz
40 g Weizenmehl (Type 405)

FÜLLUNG Aprikosenkonfitüre (Aprikosengsälz)
1–2 EL Obstler oder Aprikosengeist
Punschbuttercreme, Seite 36
Schokoladenbuttercreme, Seite 36

ZUM TRÄNKEN
2 EL Weißwein
1 EL feiner Zucker
1 EL Rum

ZUR DEKORATION
fertig gekauftes Krokant, gehackt, und Krokantbögen

°C E-Herd 175–200 °C
Gasherd 2–3

BACKZEIT ca. 50 Minuten

Gelbe-Rüben-Torte
mit Vollkornmehl

FORM	Springform 24–26 cm ∅
TEIG	5 Eier, getrennt 100 g milder, flüssiger Honig, z. B. Akazienhonig 2 EL Kirschwasser oder Rum 250 g Möhren (Gelbe Rüben)* 250 g Haselnüsse oder Mandeln, gemahlen und evtl. leicht angeröstet 80–100 g Weizenvollkornmehl (Type 1050 oder frisch gemahlen) 1 TL Backpulver Saft und abgeriebene Schale von 1 Bio-Zitrone evtl. 1 TL Zimt, gemahlen, nach Geschmack
ZUM GARNIEREN	200 ml süßer Rahm/Sahne 1 Spritzer Kirschwasser oder 150 g Marzipanrohmasse ca. 200 g Puderzucker etwas Sanddornvollfrucht gehackte Pistazien
°C	E-Herd 175–200 °C Gasherd 2–3
BACKZEIT	ca. 45–55 Minuten

*Im Schwäbischen sind Gelbe Rüben die Bezeichnung für Karotten und Mohrrüben/Möhren.

Die Gelbe-Rüben-Torte ist ein „grenzüberschreitendes Rezept". Sie wird auch in Baden zubereitet und ist vermutlich eine „Leihgabe" der Schweiz, wo sie „Rüeblitorte" heißt. Selbst in Großbritannien und Irland ist sie bekannt – unter dem Namen „carrot cake".

Die Eigelb mit dem Honig schaumig rühren. Die Möhren gut putzen, fein raspeln und mit dem Kirschwasser zugeben. Ca. 3 Minuten rühren (von Hand ca. 8 Minuten). Die Hälfte der Haselnüsse oder Mandeln und das Mehl mit dem Backpulver untermischen, Zitronensaft und -schale und evtl. den Zimt zugeben. Den Eischnee sehr steif schlagen, die andere Hälfte der Nüsse oder Mandeln unterheben und den Eischnee vorsichtig unter die Eigelbmasse ziehen. Den Teig in eine gut gefettete Springform füllen und im vorgeheizten Backofen auf der unteren Schiene backen. Stäbchenprobe machen.

Den Kuchen kurz in der Form abkühlen, dann auf einem Kuchengitter vollständig auskühlen lassen. Die Torte entweder mit geschlagener Sahne verzieren oder kleine Rübchen aus Marzipanrohmasse, verknetet mit Puderzucker und gefärbt mit etwas Sanddornvollfrucht, herstellen. Die Rübchen um den äußeren Rand legen und die Zwischenräume mit gehackten Pistazien bestreuen.

Mutscheltorte

Die Eigelbe mit dem Zucker von Hand etwa 30 Min., mit dem elektrischen Handrührgerät etwa 5 Minuten schaumig rühren. Zitronensaft und -schale einrühren, dann das Mutschelmehl oder die Mischung sowie das Weizenmehl einrühren. Eiweiß mit Salz steif schlagen und unter die Eigelbmasse ziehen. Eine Springform mit Backtrennpapier belegen, die Teigmasse einfüllen und glatt streichen. Im vorgeheizten Backofen auf der mittleren Schiene hellgelb ausbacken. Den Stäbchentest machen.

Die Torte nach dem Abkühlen einmal quer durchschneiden oder mit einem Faden teilen, siehe Seite 133, und den Boden mit dem glatt gerührten Hägenmark bestreichen. Den Deckel aufsetzen.

Variante

Eine Tränke zubereiten: 1/10 l Weißwein mit 1 EL feinem Zucker aufkochen, solange strudelnd kochen, bis sich der Zucker aufgelöst hat. Diese Mischung nach und nach mit einem Pinsel auf der Torte verteilen. Anschließend mit Puderzucker bestreuen.

FORM	Springform 22–24 cm Ø
TEIG	6 Eier, getrennt 200 g feiner Zucker Saft und abgeriebene Schale von 1 Bio-Zitrone 125 g Mutschelmehl* oder 65 g Mutschelmehl und 60 g gemahlene Mandeln 65 g Weizenmehl (Type 405) 1 Prise Salz
FÜLLUNG	Hagebuttenmark (Hägenmark) etwas Fruchtsaft
°C	E-Herd 175–200 °C Gasherd 2–3
BACKZEIT	ca. 50–60 Minuten

* Mutschelmehl ist feines helles Paniermehl, ungesalzen. Weckmehl (Semmelbrösel) wird aus gebräunten Wecken (Brötchen) hergestellt.
Das Mutschelmehl stammt aus Ulm, wo es auch „Geigamehl" genannt wird.

Süße Stückle

Schillerlocken, Rezept Seite 151

Die süßen Stückle (Kaffee- und Teegebäck) auf einem gefetteten oder mit Backpapier belegten Backblech auf der mittleren Schiene des Backofens backen. Etwas Abstand zwischen den einzelnen Gebäckstücken lassen.

Hefe-Wespennester

MENGE	ca. 8 Stück
TEIG	20 g Frischhefe oder 1 P. Trockenbackhefe 1/8 l lauwarme Milch 30 g Zucker 300 g Weizenmehl (Type 405) 40 g Butter oder Margarine 1 Prise Salz 1 Ei abgeriebene Schale von 1 Bio-Zitrone
ZUM TAUCHEN	50 g zerlassene Butter
FÜLLUNG	50 g geschälte, gemahlene Mandeln 40 g Zitronat, fein gewiegt 40 g Rosinen 20 g Zucker und etwas Zimt 50–60 g weiche Butter
ZUM BESTREICHEN	2 Eigelb
°C	E-Herd 200 °C Gasherd 3
BACKZEIT	ca. 30 Minuten

Den Hefeteig nach Grundrezept, Seite 22, zubereiten. Die Zutaten für die Füllung gut vermischen. Nachdem der Teig gegangen ist, auf dem Backbrett einen 25 × 40 cm großen Streifen auswellen, mit zerlassener Butter bestreichen und die Füllung darauf verteilen. Den Teigstreifen der Länge nach aufrollen, davon etwa 5 cm lange Stücke abschneiden, an einer Schnittseite in zerlassene Butter tauchen und mit dieser Seite nach unten auf ein gefettetes Backblech setzen.

Die Wespennester nochmals ca. 30 Min. gehen lassen, mit Eigelb bestreichen und im vorgeheizten Backofen knusprig backen.

Schneckennudeln

Den Hefeteig nach Grundrezept zubereiten. Nach dem Aufgehen nochmals gut durcharbeiten und etwa ½ cm dick (ca. 30 × 40 cm) auswellen. Die Teigplatte mit zerlassener Butter oder Margarine bestreichen, Zucker, Zimt und Sultaninen darüber streuen. Dann Streifen von 5 cm Breite und ca. 20 cm Länge abschneiden und fest aufrollen.
Oder eine Rolle formen und ca. 2 cm dicke Scheiben davon abschneiden. Mit der Schnittfläche nach oben auf einem gefetteten Blech nochmals gehen lassen. Mit verquirltem Ei bestreichen und im vorgeheizten Backofen backen und noch warm glasieren.

Zur Glasur den Puderzucker, Zitronensaft und das Wasser mit dem Schneebesen oder elektrischen Handrührgerät glatt rühren.

MENGE	ca. 18–20 Stück, 8 cm Ø
TEIG	Hefeteig I, Grundrezept Seite 22
ZUM BESTREICHEN DER TEIGPLATTE	50 g zerlassene Butter oder Margarine
ZUM BESTREUEN	2 EL Zucker 1 TL Zimt 100 g Sultaninen
ZUM BESTREICHEN	1 Ei, verquirlt
GLASUR	125 g Puderzucker 2 EL Zitronensaft 1 EL Wasser
°C	E-Herd 200 °C Gasherd 3
BACKZEIT	ca. 20–25 Minuten

Gefüllte Zweifelstricke

TEIG	8 Eigelbe
	125 g feiner Zucker
	6 EL Rosenwasser (aus der Apotheke)
	450–480 g Weizenmehl (Type 405)
FÜLLUNG I	125 g abgezogene, gemahlene Mandeln
	etwas Rosenwasser zum Verrühren
	100 g feiner Zucker
	2 Eier
	3 Eigelb
FÜLLUNG II	125 g vorbereitete Rosinen (siehe Seite 17, Backzutaten)
	30 g Zitronat, sehr fein gehackt
	abgeriebene Schale von 1 Bio-Zitrone
	250 ml Weißwein, halbtrocken
	1 Stück Würfelzucker
	1 TL Zimt
	½ TL Nelkenpulver
	60 g geriebenes, altbackenes Schwarzbrot
	10 g Butter
	Semmelbrösel für das Blech
ZUM BESTREICHEN	1 verquirltes Ei
ZUM GLASIEREN	weiße und rote Zuckerglasur, siehe Seite 38
°C	E-Herd 175 °C
	Gasherd 2–3
BACKZEIT	ca. 30–35 Minuten

Die Eigelbe mit Zucker und Rosenwasser schaumig rühren. Nach und nach unter Rühren das Mehl zusieben und alles zu einem nicht zu weichen Teig verarbeiten. Die Arbeitsfläche mit Mehl bestäuben und mit einem bemehlten Wellholz den Teig zu einer Platte von ca. ½ cm Dicke auswellen. Zum Trocknen zwischen Küchentücher legen (die Tücher dürfen keine Waschmittelreste enthalten). Dann den Teig zu jeweils einem Drittel überschlagen und während der Zubereitung der Füllungen ruhen lassen.

Zur Füllung I die Mandeln mit etwas Rosenwasser verrühren, den Zucker zusieben und die Eier sowie die Eigelb unterrühren. Die Füllung von Hand etwa 15 Min., mit dem elektrischen Handrührgerät etwa 4 Min. rühren.

Für die Füllung II die Rosinen mit Zitronat, Zitronenschale, dem Weißwein, Würfelzucker und den Gewürzen zum Kochen bringen. Das geriebene Schwarzbrot in etwas Butter anrösten, zugeben und die Füllung abkühlen lassen.

Den Teig etwa zweimesserrückendick auswellen und der Länge nach halbieren. Eine Hälfte mit Füllung I, die andere mit Füllung II bestreichen. Jeweils zu einer Rolle formen. Ein Backblech fetten und mit Semmelbröseln bestreuen. Die zwei Rollen nebeneinander darauf legen, dann wie einen Strick ineinander schlingen. Mit verquirltem Ei bestreichen und im vorgeheizten Backofen auf der mittleren Schiene hellgelb backen. Die Glasuren anrühren.

Die Zweifelstricke vom Blech nehmen und auf ein Kuchengitter legen. Noch warm glasieren, dabei einen Strang mit weißer Zuckerglasur, den anderen mit roter Glasur bestreichen.

„Das Oeconomische Handbuch für Frauenzimmer" von Friederike J. Löffler ist wohl das älteste und bekannteste schwäbische Koch- und Backbuch. Hier ist auch ein Rezept der Zweifelstricke zu finden. Zum besseren Verständnis: Früher hieß die Glasur „Eis". Im Originaltext heißt es: „… Hierauf macht man ein rothes und weißes Eis, überstreicht damit den einen Theil roth und den anderen Theil weiß, trocknet es wieder, legt es auf eine Platte und gibt es zum Nachtisch oder als eine Zwischenplatte auf den Tisch."

Nusshörnle

Einen Hefeblätterteig nach Grundezept, Seite 33, zubereiten. Den aufgegangenen Teig ca. 1 cm dick auswellen und davon 12–15 cm große Quadrate ausrädeln. Jedes Viereck diagonal in zwei Dreiecke teilen.

Die Zutaten zur Füllung gut mischen, sie soll nicht zu dünnflüssig werden. Auf jedes Dreieck einen Teelöffel Füllung setzen, von der breiten Seite aufrollen und Hörnchen formen. Auf ein gefettetes Backblech legen und nochmals in der Wärme gehen lassen.
Mit Eigelb bestreichen und im vorgeheizten Backofen hell backen. Mit Puderzucker bestäuben.

MENGE	ca. 25–30 Stück
TEIG	25 g Frischhefe oder
1 P. Trockenbackhefe
ca. ¼ l lauwarme Milch
50 g Zucker
500 g Weizenmehl (Type 405)
70 g Butter oder Margarine
1 Prise Salz
1 Ei
abgeriebene Schale von
1 Bio-Zitrone
ZUM EINWELLEN	100 g Butter oder Margarine
FÜLLUNG	125 g geröstete, gemahlene Haselnüsse
70 g Zwiebackbrösel
Mark von ¼ Vanillestange oder
1 P. Vanillezucker
6 EL Milch
ZUM BESTREICHEN	1–2 Eigelb, verquirlt
ZUM BESTÄUBEN	Puderzucker
°C	E-Herd 200 °C
Gasherd 3
BACKZEIT	ca. 25 Minuten

Horaffen, Rezept Seite 205

Zweifelstricke, Rezept Seite 146

Apfeltaschen

MENGE	ca. 20 Stück
TEIG	500 g Weizenmehl (Type 405)
	1 P. Backpulver
	2 Eier
	6 EL Milch
	100 g Zucker
	150 g Butter oder Margarine
FÜLLUNG	etwa 3–4 Äpfel
	100 g Zucker
	50 g Sultaninen, gewaschen und abgetropft
ZUM BESTREICHEN	2 Eiweiß
	Zuckerglasur, Seite 38
°C	E-Herd 200 °C
	Gasherd 3
BACKZEIT	ca. 25 Minuten

Das Mehl und Backpulver auf ein Backbrett sieben, eine Vertiefung eindrücken und die übrigen Zutaten hineingeben. Einen glatten Mürbeteig kneten und 1 cm dick auswellen.

Mit einem Glas oder einer Form aus Metall (12 cm ⌀) Rondellen (Scheiben) ausstechen und mit folgender Apfelfülle belegen: Die Äpfel schälen, sorgfältig das Kernhaus entfernen und die Äpfel in feine Ringe schneiden. Mit Zucker bestreuen und zugedeckt etwa 10 Min. durchziehen lassen.

Dann jeweils 1 Apfelring auf die Hälfte einer Rondelle legen, einen Teelöffel vorbereitete Sultaninen in das Innere des Ringes geben, den Teigrand mit Eiweiß einpinseln, die andere Teighälfte überklappen und leicht andrücken. Die Apfeltaschen auf ein gefettetes Backblech legen, im vorgeheizten Backofen goldbraun backen und noch warm glasieren.

Schillerlocken

Die wohl bekannteste Darstellung Schillers ist die Marmorbüste von Dannecker von 1805. Sie zeigt den Dichterfürsten frisch onduliert, mit gestutztem Pony und den berühmten „Schillerlocken". Das Gebäck könnte also tatsächlich seiner Frisur nachempfunden sein.

Den Blätterteig ca. 3 mm dick auswellen. Die Teigplatte soll ca. 35–40 cm lang sein. Der Länge nach etwa 1–2 cm breite Streifen abrädeln und in Spiralen, von der Spitze aus beginnend, über Formen aus Metall (im Handel sind Schillerlockenformen erhältlich) wickeln, überstehende Enden abschneiden. Etwa 50–60 Min. kühl stellen.
Die Schillerlocken seitlich und oben mit der Eigelb-Milchmischung bestreichen. Hagelzucker darauf streuen und die Schillerlocken liegend (das Ende des Teigstreifens sollte auf dem Blech liegen) auf einem mit Mehl bestäubten Backblech im vorgeheizten Backofen auf der mittleren Schiene hell backen.

Noch warm von den Formen ablösen und nach dem Erkalten mit Schlagsahne füllen.

MENGE	ca. 10–12 Stück
	Schillerlockenformen
TEIG	Blätterteig, Grundrezept Seite 32 oder 450 g TK-Blätterteig
ZUM BESTREICHEN UND BESTREUEN	
	1–2 Eigelb
	etwas Milch
	Hagelzucker
FÜLLUNG	400 ml Rahm (Schlagsahne)
°C	E-Herd 225–250 °C Gasherd 4–5
BACKZEIT	ca. 15–18 Minuten

Zimtwaffeln

Die früher gebräuchlichen Waffeleisen wurden an langen Griffen übers offene Herdfeuer gehalten. Neben dem berühmten „Waffelmuster" gab es auch Waffeleisen mit Motiven, die ursprünglich aus den Klosterbäckereien stammten.
Waffeln werden auch „Gofern" oder „Kofern" genannt, vom französischen „gaufre"=Waffel. Vermutlich kam der Begriff mit den Hugenotten oder Waldensern ins Schwabenland.

TEIG
125 g Butter
125 g Zucker
1 Prise Salz
2 Eier
15 g Zimt
250 g Weizenmehl (Type 405)
1 TL Backpulver
Milch nach Bedarf

ZUM BACKEN
Speckschwarte oder Sonnenblumenöl

BACKZEIT ca. 6 Minuten pro Füllung

Die Butter schaumig rühren, nacheinander den gesiebten Zucker, Salz, Eier, Zimt und das mit Backpulver vermischte Mehl darunter mischen. Soviel Milch unterrühren, dass ein fester Teig entsteht. Aus der Masse walnussgroße Kugeln formen. Das Waffeleisen vorheizen und die Innenflächen mit Speckschwarte oder Öl einfetten. Die Teigkugeln in die Vertiefungen legen, das Waffeleisen zuklappen und die Waffeln knusprig backen (besondere Waffeleisenformen sind in Haushaltsgeschäften erhältlich).

Auf einem Drahtgitter abkühlen lassen und frisch essen.

Hefewaffeln

Eigentlich sind die Waffeln kein „urschwäbisches" Backwerk. Aber da sie schnell gebacken und die Zutaten meist im Hause sind, fanden sie rasch Eingang in die Backtradition der Familien.

Etwa 1/3 der Mehlmenge mit der lauwarmen Milch oder dem Rahm anrühren und daraus mit der in wenig Milch aufgelösten Hefe einen Vorteig (Dämpfle) zubereiten. Den Teig gut aufgehen lassen. Dann die übrigen Zutaten unterarbeiten und den Teig 1 Stunde, mit einem Tuch bedeckt, warmstellen.
Das Waffeleisen vorheizen. Den Teig in kleinen Portionen im jedes Mal gut gefetteten Waffeleisen zu knusprigen Waffeln backen.

Kurz auf einem Drahtgitter ausdampfen lassen und noch warm mit Zucker und Zimt bestreuen.

TEIG
180 g Weizenmehl (Type 405)
1/4 l lauwarme Milch
oder süße Sahne/Rahm
(oder beides halb und halb)
15 g Frischhefe
1 geh. EL Zucker
1 Prise Salz
1/2 P. Vanillezucker
abgeriebene Schale von
1/2 Bio-Zitrone
2 Eier

ZUM BACKEN
Pflanzenöl

ZUM BESTREUEN
Zucker, Zimt
oder Puderzucker

BACKZEIT ca. 4–6 Minuten pro Füllung

Pfitzauf & Co.

Pfitzauf, Rezept Seite 156

MENGE	für 6 Förmchen*
TEIG	5 Eier 250 g Weizenmehl (Type 405) 1 Prise Salz 3/8 – 1/2 l Milch evtl. 1 EL Zucker 75 g Butter
ZUM AUSFETTEN	Butter
ZUM ÜBERSTÄUBEN	Puderzucker
°C	E-Herd 175–200 °C Gasherd 2–3
BACKZEIT	ca. 30–40 Minuten

ANMERKUNG
In alten Rezepten sind die Mengenangaben höher, z. B. 375 g Mehl, 1/2 – 3/4 l Milch, 5 Eier und 125 g Butter, aber kein Zucker. Das rührt daher, dass die Formen recht groß waren und Pfitzauf als Hauptgericht z. B. zu grünem Salat oder zu Gemüse serviert wurde.

* Sind keine Pfitzaufformen vorhanden, so können stattdessen hitzebeständige Kaffeetassen oder kleine, runde Auflaufförmchen (wie für Ragout fin) verwendet werden.

Pfitzauf

Die Eier mit Mehl, Salz und wenig Milch und, für süßen Pfitzauf, mit dem Zucker glatt rühren. Die restliche Milch erhitzen, einen Teil der Butter zum Ausstreichen der Pfitzaufförmchen* verwenden. Die restliche Butter in der Milch zerlassen. Die kochend heiße Milch mit der Butter unter die Mehlmischung rühren. Die gefetteten Förmchen nur halbvoll mit dem Teig füllen, denn der Teig geht beim Backen stark auf. Im vorgeheizten Backofen auf der mittleren Schiene aufziehen.

Pfitzauf heiß aus den Formen stürzen, mit Puderzucker übersieben und zu Apfel- oder Quittenkompott oder mit Hagebutten-(Hägen-)marksauce servieren. Auch Holunderbeerenkompott schmeckt gut dazu.

Variante
Besonders lockeren Pfitzauf erhält man, wenn statt 250 g Mehl nur 125 g Mehl für den Teig genommen werden. Die Menge reicht dann für 4 Förmchen.

Mostsößle zum Pfitzauf
40 g Butter zerlassen, mit 30 g Weizenmehl eine helle Einbrenne machen und mit 1/2 l Birnen- oder Apfelmost ablöschen. Unter gelegentlichem Rühren etwa 10 Min. eindicken und mit Zucker und Zimt nach Belieben würzen. Zum frisch gebackenen Pfitzauf servieren.

Aufgezogene Dampfnudeln

Dampfnudeln sind wie so viele schwäbische Rezepte wieder ein „grenzüberschreitendes" Gericht. Man kennt und liebt sie auch in Bayern. Meine Mutti, eine „Rei'gschmeckte", war stets aufgeschlossen für neue Rezepte. Als sie zum ersten Mal Dampfnudeln zubereitete, stellte sie die alte Kasserolle auf den Kohleherd. Wir konnten es kaum erwarten, bis der Deckel gelüpft wurde: Haben die Dampfnudeln ein schönes „Krüstle" am Boden, oder waren wir zu voreilig? Sie waren perfekt!

Einen geschmeidigen Hefeteig mit Vorteig (Dämpfle) nach dem Grundrezept auf Seite 22 herstellen, nach Belieben zuckern, und den Teig zum Aufgehen zugedeckt beiseite stellen. Den aufgegangenen Teig etwa fingerdick auswellen und mit einem Wasserglas runde Küchle ausstechen. Auf eine mit Mehl bestreute Unterlage legen und nochmals kurz gehen lassen.

Zum Aufziehen, was soviel wie Backen bedeutet, die Butter oder das Butterschmalz in einer Kasserolle (die einen gut schließenden Deckel haben muss) zerlassen. Salz und evtl. Zucker zufügen und mit Wasser oder Milch-Wassermischung ablöschen.

Die aufgegangenen Küchle in die kochende Flüssigkeit setzen. Die Kasserolle fest zudecken und die Dampfnudeln etwa 15–20 Min. bei geringer Hitze auf der Herdplatte aufziehen. Sollte die Kasserolle nicht dicht schließen, evtl. Mehl mit etwas Wasser verkneten und die Form damit ringsum verschließen oder ein Küchenhandtuch um den Rand der Form wickeln. Die Dampfnudeln sind fertig, wenn kein Brutzelgeräusch mehr zu hören ist. Nun hat sich am Boden ein schönes Krüstle gebildet. Die Dampfnudeln aus der Kasserolle nehmen und auf vorgewärmte Teller legen.

Sofort entweder mit Kompott oder Vanillesauce servieren. Auch eine Fruchtsauce passt gut dazu.

MENGE	ca. 20 Stück
TEIG	500 g Weizenmehl (Type 405)
	30 g Frischhefe
	1 TL Zucker
	ca. 1/4 l lauwarme Milch
	2 Eier
	80 g Butter
	1 Prise Salz
	abgeriebene Schale von 1/2 Bio-Zitrone
	2 EL Zucker, nach Belieben
ZUM AUFZIEHEN	
	40 g Butter oder Butterschmalz
	1/2–1 TL Salz, nach Belieben
	evtl. 1 EL Zucker
	300–400 ml Wasser oder halb Milch, halb Wasser
°C	E-Herd 180 °C
	Gasherd 2
BACKZEIT	ca. 25 Minuten

TIPP
Beim Abnehmen des Deckels darauf achten, dass kein Kondenswasser auf die „nacketen" Dampfnudeln tropft.

VARIANTE
Die Dampfnudeln in einer offenen Kasserolle im Backofen backen. Dazu die Küchle zu etwa 3/4 der Formhöhe aufgehen lassen. Mit Butter, Salz, Zucker und Milch (wie oben) in der Form auf dem Rost stehend im vorgeheizten Backofen aufziehen. So bräunen die Dampfnudeln ringsum, während bei den zugedeckten Dampfnudeln nur die „Füßle" braun werden. Diese Dampfnudeln sind knusprig.

Dampfnudeln, Rezept Seite 157

Ofenschlupfer
mit Äpfeln

Der „Ofenschlupfer" könnte auch „Auflauf" genannt werden – aber wieviel schöner und bildhafter ist der Dialekt!

MENGE	für ca. 4–6 Portionen
FÜLLUNG	3–4 mürbe Äpfel, je nach Größe, ca. 600 g 40–60 g Zucker 1–2 EL Rum, 54 Vol.-%
TEIG	6 altbackene Wecken (Brötchen) oder 300 g altbackenes Weißbrot (Kruste abgerieben) ¼ l Milch 50 g Butter 5–6 Eier, getrennt 1–2 EL Zucker 1 Prise Zimt abgeriebene Schale von ½ Bio-Zitrone 30–40 g geriebene Mandeln 50 g gewaschene Zibeben oder Sultaninen
FÜR DIE FORM	Butter und Semmelbrösel oder Mutschelmehl
ZUM AUFSETZEN	Butterflöckchen oder Schnee aus 2 Eiweiß und 60 g Zucker
°C	E-Herd 180–200 °C Gasherd 2–3
BACKZEIT	ca. 30–40 Minuten
TIPP	Eine klassische Vanillesauce (Vanillsößle) passt zu einem Ofenschlupfer besonders gut.

Die Äpfel schälen, entkernen und in feine Blättchen schneiden. Diese mit Zucker und Rum durchziehen lassen.
Die Wecken in feine Scheiben schneiden und mit der Milch anfeuchten.
Die Butter schaumig rühren, Eigelb, Zucker, Zimt und Zitronenschale sowie die Mandeln zugeben. Eiweiß in einem fettfreien Gefäß zu steifem Schnee schlagen.
Die Apfelblättchen, die mit Küchenkrepp trocken getupften Zibeben oder Sultaninen und den Eischnee locker unter die Butter-Eigelb-Masse ziehen.
Eine feuerfeste Form ausbuttern, mit Semmelbröseln ausstreuen. Abwechselnd lagenweise die Weckenmasse und die Apfelmasse einschichten und obenauf reichlich Butterflöckchen setzen. Den Ofenschlupfer auf der mittleren Schiene zu schöner Farbe backen.

Oder statt Butterflöckchen Eiweiß und Zucker zu steifem Schnee schlagen und den Ofenschlupfer nach 20 Min. Backzeit damit bestreichen. Dann die Zuckermenge bei den Äpfeln evtl. etwas verringern.

Variante
Die Weckscheiben mit etwas Kirschwasser beträufeln. 2 Eigelbe mit 60 g Zucker schaumig rühren, den Eischnee unterziehen und die Masse auf dem Ofenschlupfer verteilen. Mit Mandelblättchen bestreuen und backen wie oben.

Ofenschlupfer

In der Backstube

Nonnefürzle, Rezept Seite 170

Fettgebackenes

Fettgebackenes

Fettgebackenes war früher immer Schmalzgebackenes, denn einen Topf mit Schmalz hatte jede Hausfrau in ihrer Küche stehen. Diese Art Gebäck erfreut sich seit Jahrhunderten großer Beliebtheit. Nicht nur zur Fasnet, auch zur Kirchweih, ja sogar am letzten Tag der Getreideernte, der Sichelhenke, wurden Küchle in Schmalz ausgebacken. Diese Küchle, die ähnlich wie die „Öhrle/Kopfkissele" (Seite 211) zubereitet werden, heißen „Sichelküchle".

Schneeballen

MENGE ca. 18–20 Stück

TEIG
50 g Butter
4 Eigelbe
20 g Zucker
2 EL süßer Rahm/Sahne
1 Prise Salz
etwa 150 g Weizenmehl
(Type 405)

ZUM AUSBACKEN
500 g Butterschmalz oder Sonnenblumenöl

ZUM BESTÄUBEN
Puderzucker

ANMERKUNG
Im Badischen, in der Freiburger Gegend, versteht man unter „Schneeballen" etwas ganz anderes. Hier sind das Eiweißklößchen, die auf einer Vanillesauce schwimmen. Andernorts sind diese Eischneeklößchen auch als „Schnee-Eier" oder „Îles flottantes" bekannt.

Butter, Eigelb und Zucker schaumig rühren, den Rahm zufügen und so viel Mehl untermengen, bis sich der Teig wie weicher Nudelteig kneten lässt. Auf dem Backbrett etwa messerrückendick auswellen und runde Küchle von etwa 8 cm Ø ausstechen. Jedes Teigstück vier- bis fünfmal feinstreifig etwa 5 cm weit einschneiden, sodass noch ein zusammenhängender Rand außen herum stehen bleibt. Mit einem Holzkochlöffelstiel jeden zweiten Streifen aufnehmen und die Schneeballen unter stetem Drehen im heißen Fett (in einer tiefen Pfanne oder der Fritteuse) zu knusprigen Bällchen backen. Auf Brotscheiben abtropfen lassen. Nach dem Abtropfen mit Puderzucker bestreuen.

Brandteigkräpfle

Milch oder Milch-Wasser-Mischung in einem Topf mit Butter, Zucker und Salz zum Kochen bringen. Das Mehl auf einmal (im Sturz) zugeben und die Masse unter ständigem Rühren zu einem Kloß abrösten. Ein Ei sofort unterrühren, die anderen Eier erst nachdem der Teig abgekühlt ist (siehe auch Brandteig, Grundrezept, Seite 33).

In einer tiefen Pfanne oder in einer Fritteuse Öl erhitzen. Von der Teigmasse mit einem Esslöffel kleine Mengen abstechen und im heißen Öl rasch ausbacken. Nicht zu viele Krapfen auf einmal ins Fett geben, da sonst das Fett nicht die erforderliche Ausbacktemperatur hat. Die Kräpfle auf Küchenkrepp entfetten und mit Puderzucker überstreut sofort servieren.

Variante
Statt Zucker 150 g Rosinen unter den Teig heben.

Brandteigkräpfle aus dem Backofen
Die glatt gerührte Brandteigmasse in einen Spritzsack füllen und auf ein mit Backtrennpapier belegtes Blech kleine Häufchen spritzen (etwas Abstand zwischen den einzelnen Kräpfle lassen). Im vorgeheizten Backofen auf der mittleren Schiene hellgelb backen.

Diese Kräpfle (kleine Windbeutel) können nach dem Erkalten quer halbiert werden und mit gesüßtem Vanilleschlagrahm oder mit Vanilleeis, auch mit Früchten, gefüllt werden.

MENGE	ca. 18–20 Stück
TEIG	¼ l Milch oder halb Milch, halb Wasser 50 g Butter 30 g Zucker 1 Prise Salz 150 g Weizenmehl (Type 405) 4–5 Eier, je nach Größe
ZUM AUSBACKEN	Sonnenblumenöl
ZUM BESTREUEN	Puderzucker
°C	E-Herd 200 °C Gasherd 2–3
BACKZEIT	ca. 15–20 Minuten, je nach Größe
TIPP	Die Kräpfle können mit Kompott oder Apfelbrei gereicht werden.

Scherben

MENGE	ca. 50–60 Stück
TEIG	2 Eier
	2 EL Zucker
	2–3 EL Sauerrahm
	1 Prise Salz
	250–300 g Weizenmehl (Type 405)
ZUM AUSBACKEN	Butter- oder Schweineschmalz
ZUM BESTREUEN	Puderzucker

TIPP
Auch Zimtzucker schmeckt gut auf den Scherben.

Die Scherben stammen eigentlich aus Baden, aber im Laufe der Zeit sind sie auch im Schwäbischen zu einem beliebten Gebäck, nicht nur zur Fasnetszeit, geworden.

Die Eier mit dem Zucker schaumig rühren, Sauerrahm, Salz und soviel Mehl unterrühren, dass sich der Teig anschließend gut auswellen lässt (etwa ½ cm dick). Die Teigplatte mit dem Teigrädle in Rauten (ca. 5 cm groß) teilen und diese etwa 30 Minuten zum Abtrocknen beiseite stellen.

Das Ausbackfett erhitzen. Die Scherben mit einer Gabel einige Male einstechen und portionsweise im heißen Fett schwimmend hellgelb ausbacken. Auf Küchenpapier abtropfen lassen, mit Puderzucker bestäuben und heiß servieren.

Hirschhörnle / Schwabenbrödle*

Die Form der Hirschhörnle soll auf den Keltengott Cerunnus zurückgehen, der zuständig für Reichtum und Fruchtbarkeit ist. In Süddeutschland und auch in der Schweiz werden die Hörnle besonders zur Fasnachtszeit (Fasnet) gebacken.

Alle Zutaten zu einem glatten Teig verarbeiten. Dann etwa zweimesserrückendick auswellen und Quadrate von etwa 5 × 5 cm abrädeln. Diese zu Rollen formen (wargeln) und jedes Stück in der Mitte zusammenbiegen, oben etwas auseinander ziehen. Mit einer Küchenschere an mehreren Stellen einzwicken, es soll wie ein Hirschgeweih aussehen.
Schmalz in einem hohen Topf oder in einer Fritteuse erhitzen und die Hirschhörnle darin ausbacken. Nicht zu viele auf einmal ins Fett geben, damit die Ausbacktemperatur nicht zu sehr absinkt. Auf Küchenpapier entfetten und heiß servieren.

Variante
Es gibt Rezepte, die noch gemahlene Mandeln für den Teig mitverwenden. Auf 250 g Mehl kommen 125 g Mandeln sowie 125 g Zucker. Anstatt Milch wird etwas süßer Rahm unter den Teig geknetet („geschafft").

* Schwabenbrödle wird auch ein Kleingebäck genannt.

MENGE	ca. 30 Stück
TEIG	160 g Weizenmehl (Type 405) 80 g Zucker 80 g geschmolzene Butter abgeriebene Schale von ½ Bio-Zitrone 1 Ei 1 Eigelb je 1 Prise Zimt und Muskatblüte etwas Milch
ZUM AUSBACKEN	Butter- oder Schweineschmalz

Aalener Pfannebeischt / Aus'zogene

MENGE	ca. 8–10 Stück
TEIG	Hefeteig, Grundrezept Seite 22, jedoch mit 80 g Zucker 50 g Butter oder Butterschmalz
ZUM AUSBACKEN	Butterschmalz oder Sonnenblumenöl
ZUM BESTREUEN	Zimtzucker

Der „Beischt" = Bausch wurde früher zum Unterlegen von schweren Krügen oder Körben verwendet. Das ringförmige Polster wurde auf den Kopf gelegt und darauf die Last gestellt.
Diese Küchle heißen auch Knie- oder Knuiküchle. Denn sie sehen so aus, als ob man sie über dem Knie ausgezogen hat. Woanders sagt man Aus'zogene dazu. Es wird vermutet, dass das Rezept aus Österreich stammt, wo es eine lange Tradition hat. Aus'zogene gab es nicht nur zur Fasnet, sondern auch zur Kirchweih und zur Ernte, ja sogar an Weihnachten und zu anderen Gelegenheiten.

Einen Hefeteig mit Vorteig herstellen und ca. 30 Minuten gehen lassen. Danach ½ cm dick auswellen und Quadrate von etwa 8 cm Kantenlänge davon schneiden. Die Beischt noch ca. 15 Minuten gehen lassen. Dann mit gefetteten Fingern auseinanderziehen – die Beischt sollten in der Mitte etwas dünner sein. Oder etwa eigroße Teigstücke unter ständigem Drehen von innen nach außen flachdrücken. Am Rand soll ein Wulst entstehen. Dann im heißen Ausbackfett schwimmend auf beiden Seiten goldbraun backen.
Auf Küchenkrepp entfetten, mit Zimtzucker bestreuen und warm mit eingemachtem Obst reichen.

Bubaschenkele

Bubaschenkele (Bubenschenkel) können örtlich auch süße Doppelwecken sein, die zu verschiedenen Festtagen gebacken werden. Vermutlich kam das Rezept aus der Pfalz ins Schwabenland. Dort wurde das Gebäck an Weihnachten an die Buben verschenkt.

Den Hefeteig mit einem Vorteig zubereiten und ca. 30 Min. gehen lassen. Dann auf einem mit Mehl bestreuten Backbrett etwa fingerdick auswellen. Von der Teigplatte rechteckige Stücke ausrädeln – etwa 3 cm breit und 8 cm lang. Diese bis zur Mitte einschneiden und etwas auseinander ziehen. Die Bubaschenkele noch kurz ruhen lassen und dann im heißen Fett schwimmend in kleinen Mengen zu schöner Farbe ausbacken.
Dazu gibt's Kartoffelsalat.

Variante

Den Hefeteig wie oben, jedoch mit Butterschmalz, herstellen. Den Teig etwa 15 Min. schlagen und anschließend sofort weiter verarbeiten (man lässt ihn auf keinen Fall gehen). Etwa 4–5 mm dick auswellen und schmale Rechtecke, etwa 2 × 7 cm, daraus schneiden. An der schmalen Seite etwa zu $2/3$ einschneiden. In heißem Butterschmalz von beiden Seiten goldgelb ausbacken und heiß mit Zucker bestreuen.

MENGE	ca. 40–50 Stück
TEIG	Hefeteig, Grundrezept Seite 22, jedoch nur mit 1 TL Zucker für den Vorteig (Dämpfle) und 40 g Butter für den Teig
ZUM AUSBACKEN	Schweineschmalz oder Sonnenblumenöl

Nonnefürzle

TEIG
500 g Weizenmehl (Type 405)
30 g Frischhefe
ca. $1/4$ l lauwarme Milch
60 g Zucker
60 g weiche Butter
4 Eier
100 g vorbereitete Zibeben
abgeriebene Schale von
1 Bio-Zitrone
1 Prise Salz

ZUM AUSBACKEN
Butter- oder Schweineschmalz

ZUM BESTREUEN
Hagelzucker oder Puderzucker

ANMERKUNG
In manchen Gegenden werden die Nonnefürzle auch aus Brandteig (Grundrezept Seite 33) hergestellt.

Die Bezeichnung Nonnefürzle soll aus der Verballhornung des Wortes Nonnenfärzgen entstanden sein. Das bedeutet, dass dieses Gebäck in einem Kloster gebacken wurde und eine Füllung oder Farce enthielt.

Alle Zutaten sollten zimmerwarm sein. Das Mehl auf ein Backbrett häufen und in die Mitte eine Mulde drücken. Die Hefe in etwas Milch auflösen und in die Mulde gießen. Mit etwas Mehl vermischen und den Vorteig gehen lassen, bis die Mehldecke aufreißt. Dann alle anderen Zutaten einarbeiten und den Teig gut kneten. Anschließend schlagen, bis er Blasen zeigt. Zugedeckt etwa 30 Minuten gehen lassen.
Das Schmalz erhitzen. Von der Teigmasse kleine Klößchen abstechen und im heißen Fett schwimmend herausbacken. Die Nonnefürzle entweder auf Brotscheiben entfetten (diese können anschließend weiter verwendet werden) oder auf Küchenkrepp abtropfen lassen. Mit Hagelzucker bestreuen und so warm wie möglich essen.

Im Mittelalter wurden Gewürze, die aus Indien oder dem südostasiatischen Raum unter abenteuerlichen Bedingungen nach Europa gebracht wurden, z.B. Zimt, Nelken, Kardamom und Ingwer u. a. oft als „Pfeffer" bezeichnet. Pfeffer war zu der damaligen Zeit das teuerste Gewürz und wurde z.B. auch bei den Pfefferkuchen verwendet.

Nonnekräpfle

In alten Kochbüchern findet man unter der Bezeichnung Nonnenkräpflein (Nonnenfürtzlein) ein Rezept, das aus einem Teig, bestehend aus Mehl, Zucker, Rosenwasser und geschlagenem Eiweiß mit einer Füllung aus geläutertem Honig, gewürzt mit Zimt, Nelken und Ingwer und geriebenen Lebkuchen, hergestellt wird. Teigquadrate werden über der Füllung zu Halbmonden oder Dreiecken geformt und dann im mäßig warmen Backofen ausgebacken.

Salbeimäusle / Salbeiküchle

In einem Kochbuch des Freiherrn von Hohberg („Des Adelichen Land- und Feld-Lebens") von 1701, erschienen in Nürnberg, sind mehrere Rezepte aufgeschrieben, die alle „Salbey zu bachen" betreffen. Die Salbeiküchle oder -mäusle sind in ganz Deutschland bekannt und beliebt und wurden früher zur Kirchweih zubereitet.
Im Schwabenland werden sie auch „G'schwänzte Küchle" oder „Mäus'" genannt.

Die Salbeiblätter – es sollten tadellose schöne Blätter sein – waschen und trocken tupfen. Auf Küchenkrepp ausbreiten.

Das Ei verquirlen, nacheinander das Mehl und soviel kaltes Wasser einrühren, bis ein glatter dicker Teig entsteht. Noch wenig Wein oder Apfelmost, das Schmalz und etwas Zucker unterrühren und den Ausbackteig ca. 20–30 Min. ruhen lassen. Dann das Eiweiß mit Salz steif schlagen und unter den Teig ziehen.

Die Blätter an den Stielen fassen und durch den Teig ziehen. Im erhitzten Fett von beiden Seiten kross ausbacken und heiß servieren.

Die Salbeimäusle passen als kleine Happen zu Wein oder Most; sie können auch als Beilage zu kurzgebratenem Fleisch serviert werden.

Frische schöne Salbeiblätter mit Stiel

AUSBACKTEIG

1 Ei
125 g Weizenmehl (Type 405)
2–3 EL kaltes Wasser
einige EL Riesling oder Apfelmost
1 EL zerlassenes, wieder abgekühltes Schweineschmalz
wenig Zucker
1 Eiweiß
1 Prise Salz

ZUM AUSBACKEN

Sonnenblumenöl oder Butterschmalz

Holdersträuble / Hollerküchle

Nach altem Volksglauben war der Holunderbaum unverletzlich und heilig und der Sitz der guten Geister. Deshalb stand früher vor jedem Bauernhaus ein Holunderbaum oder -busch, der das Haus beschützen sollte. Außerdem schrieb man dem Holunderbaum, bzw. seinen Blüten und Früchten, heilende Kräfte zu: „Wer am Johannistag (Juni, wenn der Holunder blüht) ein ausgebackenes Holunderküchlein isst, wird übers Jahr nicht krank". Auch im Elsass und in Bayern sind diese Hollerküchle ein beliebter Nachtisch.

8–12 gleichgroße schöne Hollerblüten (Holunderblütendolden) mit Stiel

TEIG
180–200 g Weizenmehl (Type 405)
¼ l Milch oder Weißwein
2 Eier, getrennt
1–2 TL Zucker, nach Geschmack
1 Prise Salz

ZUM AUSBACKEN
Butterschmalz

ZUM BESTREUEN
Zimtzucker oder Puderzucker, nach Belieben

TEIG-VARIANTE I
200 g Weizenmehl (Type 405)
2 Eigelbe
1 EL Pflanzenöl
3 EL Weißwein
1–2 EL Milch
1 EL Zucker
2 Eiweiß
1 Prise Salz

TEIG-VARIANTE II
200 g Weizenmehl (Type 405)
¼ TL Backpulver
Zucker nach Geschmack
1 Ei
⅛ l helles Bier (Export)
1 TL Pflanzenöl

Die Holunderblüten, wenn nötig, unter fließendem kalten Wasser waschen oder nur gut ausschütteln, damit kleine Insekten herausfallen können. Evtl. in ein Sieb zum Abtropfen legen.
Aus Mehl, Milch oder Weißwein, Eigelb und Zucker einen dünnen Pfannkuchenteig rühren. Den Teig mindestens 30 Min. ruhen lassen, besser länger.
Eiweiß mit Salz steif schlagen, unter den gegangenen Teig ziehen und diesen sofort weiterverarbeiten.
Das Butterschmalz in einer tiefen Pfanne erhitzen.
Die Holunderblüten am Stiel festhalten, in den Pfannkuchenteig tauchen und im heißen Schmalz goldgelb ausbacken. Auf Küchenkrepp abtropfen lassen und mit Zimtzucker oder Puderzucker bestreut sofort zu Tisch geben.
Ohne Zimtzucker schmecken die Holdersträuble auch zum Viertele.

Variante I
Den Ausbackteig wieder mindestens 30 Min. ruhen lassen. Dann die Eiweiß mit der Prise Salz steif schlagen, unter den Teig ziehen, die Blütendolden eintauchen und die Küchle ausbacken wie oben beschrieben.

Variante II
Den Teig zubereiten und ohne Ruhezeit weiter verfahren wie oben.

Hagebuttenmakronen, Rezept Seite 177

Brödle und Weihnachtsgutsle

Luisenbrödle, Rezept Seite 180

Die Mengenangaben für die Gutsle (Guatsle) und Brödle (Brötle) können nur Circaangaben sein, da jeder „seine" Größe bevorzugt. Schöner ist es, die Brödle etwas kleiner zu formen, so kann man mehrere verschiedene Sorten probieren.
Gutsle und Brödle werden auf der mittleren Schiene in den vorgeheizten Backofen geschoben – sofern nicht anders bei den Rezepten angegeben.
Weizenmehl meint in den nachfolgenden Rezepten Weizenmehl Type 405, wenn nicht ausdrücklich anders vermerkt.
Für die kleinen süßen Gebäckstücke gibt es mehrere Schreibweisen: Brödle, Brötle oder Brödla. Die Bezeichnung kommt ursprünglich von Brod oder Brot. In meinem Besitz befinden sich etliche alte Teller, auf denen das Brot auch Brod geschrieben wird.
Übrigens heißt die Dose, in der die kleinen Leckereien aufbewahrt werden „Maukenescht" (Mückennest).

Kokosmakronen

MENGE 50–60 Stück

TEIG 200 g Kokosflocken (1 Beutel)
200 g Zucker
3 ganz frische Eiweiß
Saft und abgeriebene Schale von 1–2 Bio-Zitronen (je nach Größe) oder 1 P. Vanillezucker
evtl. 1 EL Grieß
kleine runde Backoblaten, 4 cm Ø

°C E-Herd 160 °C
Gasherd 2

BACKZEIT ca. 10–12 Minuten

TIPP
Makronen vor dem Backen kurze Zeit antrocknen lassen, dann laufen sie nicht breit.

Die Kokosflocken, Zucker, ein Eiweiß, Zitronensaft und -schale oder Vanillezucker in einer Pfanne bei geringer Wärmezufuhr so lange rühren, bis die Masse lauwarm ist und sich etwas zusammenballt. Nach völligem Erkalten die steif geschlagenen, restlichen Eiweiß nach und nach darunter mischen. Ist die Masse zu weich, etwas Grieß zufügen. Ein Backblech mit Oblaten auslegen, Makronenmasse draufsetzen (mit zwei angefeuchteten Kaffeelöffeln formen) und im vorgeheizten Backofen hellgelb backen.

Nach der angegebenen Backzeit sind die Makronen innen noch schön weich. Wer es knuspriger liebt, backt die Makronen noch 2–4 Minuten länger.

Hagebutten-
oder Hägenmakronen

Den gesiebten Puderzucker mit dem steifen Eischnee und Zitronensaft ca. 2 Min. mit dem elektrischen Handrührgerät rühren. Eine Tasse davon für den Guss zurückbehalten und unter die restliche Masse die Mandeln und das Hagebuttenmark mischen. Mit Hilfe von zwei angefeuchteten Teelöffeln ovale Makronen auf ein mit Backtrennpapier belegtes Blech setzen. In die Oberfläche eine Vertiefung drücken (am besten mit einem in Zucker getauchten Löffelstiel) und einen Streifen Guss hineinspritzen. Die Makronen 30 Min. trocknen lassen, dann im vorgeheizten Backofen backen.

MENGE	80–90 Stück
TEIG	250–280 g Puderzucker 4 kleine Eiweiß, steif geschlagen Saft von 1/2 Zitrone 250–300 g geschälte, gemahlene Mandeln 4 EL Hagebuttenmarmelade (Hägenmark)
°C	E-Herd 150–175 °C Gasherd 1–2
BACKZEIT	15–20 Minuten

TIPP
Die gemahlenen Mandeln sollten nicht zu frisch sein. Trockenes Mandelmehl hält die Makronen besser zusammen.

Wespennester

Die Mandeln mit einem Esslöffel Zucker hellbraun rösten und erkalten lassen. Die Eiweiß zu steifem Schnee schlagen. Zucker, Schokolade, Zimt, Nelken, Vanillezucker zufügen und die Mandeln unterheben. Ein Backblech mit Backoblaten belegen, mit Hilfe von befeuchteten Kaffeelöffeln kleine Häufchen von der Masse darauf setzen und die Wespennester im vorgeheizten Backofen backen.

MENGE	80–90 Stück
TEIG	375 g ungeschälte Mandelstifte 4–5 Eiweiß, je nach Größe 375 g Zucker 125 g geriebene Zartbitterschokolade, siehe Seite 133 etwas Zimt und gemahlene Nelken 1 P. Vanillezucker Backoblaten ca. 5 cm Ø
°C	E-Herd 160 °C Gasherd 1–2
BACKZEIT	ca. 12–15 Minuten

Wibele

TEIG	5 Eiweiß
	1 Prise Salz
	125 g Puderzucker
	1 P. Vanillezucker
	5 Eigelb
	ca. 180 g Weizenmehl
	oder je 90 g Weizenmehl und Speisestärke
°C	E-Herd 150 °C
	Gasherd 1–2
BACKZEIT	ca. 10 Minuten

Der Namensgeber der Wibele war Hofprediger Wibel aus Langenburg (Hohenlohe). Einer seiner Verwandten war Konditor und Zuckerbäcker und der nannte das zarte Dessertgebäck, das seit 1763 in einem Familienbetrieb hergestellt wird, „Geduldzeltlich". Warum? Weil das Gebäck zwei Tage benötigt, bis es fertig ist (siehe Zubereitung unten).
Selbst dem Fürsten zu Hohenlohe-Langenburg sollen sie besser als so manch anderes Gebäck gemundet haben. Er orderte immer „echte Wibele".
Im Patentamt zu Berlin wurden die „Echten Wibele" 1911 zum Patent angemeldet.

Eiweiß mit Salz, dem gesiebten Puderzucker und dem Vanillezucker entweder über dem Wasserbad mit dem Schneebesen locker aufschlagen. Oder Eigelb und Eiweiß zusammen mit Salz, dem gesiebten Puderzucker und Vanillezucker mit den Schneebesen der Küchenmaschine kalt aufschlagen. Dann im ersten Fall die Eigelb unterziehen. Das Mehl oder die Mischung mit einem Kochlöffel unter die Eiermasse heben.
Die Biskuitmasse in einen Spritzsack füllen. Backbleche gut fetten und jeweils zwei kleine Punkte Biskuitmasse aneinander auf die Bleche setzen. Die Wibele über Nacht trocknen lassen und am nächsten Tag im vorgeheizten Backofen zart ausbacken. Die Oberfläche sollte fast weiß sein.

Variante
Dieses Rezept stammt aus dem schwäbischen Kochbuch von Luise Schäfer:
3 Eier mit 250 g gesiebtem Puderzucker und etwas Rosenwasser schaumig rühren. Dann 250 g Weizenmehl unterrühren. Von dieser Masse haselnussgroße Häufchen auf ein mit Backwachs* bestrichenes Blech setzen und mit Puderzucker bestreuen. Bei linder Hitze kurz backen, sie sollen weiß bleiben.

* Als es noch kein Backtrennpapier gab, wurde das Blech oft mit Backwachs bestrichen. Es hat die Eigenschaft von hartem Fett. Man bekommt es in Form von kleinen Platten noch in manchen Drogerien. Man streicht es dünn auf das Backblech.

Vanillebrödle

Die ganzen Eier mit dem Zucker und der Prise Salz ca. 3 Min. mit dem elektrischen Handrührgerät rühren (von Hand ca. 30 Min.). Den Vanillezucker oder das Mark der Vanillestange und löffelweise das Mehl untermischen. Mit Hilfe von Kaffeelöffeln Häufchen auf ein gefettetes Backblech setzen, über Nacht stehen lassen, damit sie an der Oberfläche abtrocknen, und dann im vorgeheizten Backofen backen.

Variante

Den Teig etwa ½ cm dick auswellen und mit einer Ringform Brödle ausstechen. Diese über Nacht kühl stellen. Dann im vorgeheizten Backofen (E-Herd 150°C/Gas 1–2) zart ausbacken (ca. 30 Minuten). Noch warm mit Orangenglasur, Seite 37, überziehen.

MENGE	35–40 Stück
TEIG	4 Eier 250 g feiner Zucker oder Puderzucker 1 Prise Salz 2 P. Vanillezucker oder das Mark von 1 ½ Vanillestangen 270–300 g Weizenmehl
°C	E-Herd 175–200 °C Gasherd 2–3
BACKZEIT	ca. 15–18 Minuten

Rosinenbrödle

Die Butter oder Margarine schaumig rühren, die vorbereiteten übrigen Zutaten und zuletzt das Mehl darunter mischen. Die Masse gut vermengen und davon mit einem Kaffeelöffel kleine Häufchen auf ein gefettetes Backblech setzen. Über Nacht stehen lassen und dann im vorgeheizten Backofen backen.

MENGE	40–45 Stück
TEIG	125 g Butter oder Margarine 60 g fein gewiegtes Zitronat 4 Eier 125 g Rosinen oder Zibeben 125 g Zucker 250 g Weizenmehl
°C	E-Herd 175–200 °C Gasherd 2–3
BACKZEIT	ca. 15–20 Minuten

Luisenbrödle

MENGE	120–130 Stück
TEIG	250 g Butter oder Margarine
	125 g Zucker
	4 Eigelbe
	1 EL Arrak oder Rum
	etwas Vanillezucker
	500 g Weizenmehl
ZUM BESTREICHEN	2 Eigelbe
ZUM BESTREUEN	50 g geschälte, gehackte Mandeln
	50 g Hagelzucker
°C	E-Herd 175–200 °C
	Gasherd 2–3
BACKZEIT	ca. 20 Minuten.
FÜR DIE VARIANTE	Himbeerkonfitüre
	Zuckerglasur, Seite 38
°C	E-Herd 175–200 °C
	Gasherd 2–3
BACKZEIT	ca. 12–14 Minuten

Unter die schaumig gerührte Butter die übrigen Zutaten mischen, das Mehl zuletzt zugeben, die Masse auf dem Backbrett leicht verkneten und den Teig ca. 30 Min. kalt stellen.
Dann ca. 1 cm dick auswellen (evtl. auf Zucker oder zwischen Klarsichtfolie), runde, gezackte Brödle (Plätzchen) ausstechen, mit Eigelb bestreichen und Mandeln, mit Hagelzucker vermischt, darauf streuen. Im vorgeheizten Backofen hellbraun backen.

Variante
Den Teig etwas dünner auswellen und nach dem Backen je 2 Brödle mit Konfitüre (Gsälz) füllen, aufeinanderlegen und glasieren.

Albertle

Mit Kindern backen macht viel Freude. Nur sind sie etwas ungeduldig, bis das Ergebnis vorliegt – sei es ein duftender Kuchen oder ein leckeres Brödle. Deshalb gibt es nichts Schöneres für sie, als den rohen Teig zu schlecken. Eigenartigerweise wird es Kindern selten schlecht von rohem Teig…

Unter die schaumig gerührte Butter abwechselnd die Eier, Zucker und die übrigen Zutaten mischen. Auf dem Backbrett zu einem glatten Teig verkneten und ca. 1 Std. ruhen lassen. Dann mit dem restlichen Mehl messerrückendick auswellen, mit dem Reibeisen ein Muster aufdrücken, runde Plätzchen oder beliebige Förmchen ausstechen und auf dem gefetteten Backblech hell backen.

Anmerkung
Früher wurden die Albertle auch mit Hirschhornsalz gebacken. Auf 500 g Mehl rechnet man 1 Tütchen (10 g). Hirschhornsalz wird für flaches Gebäck verwendet, siehe auch Seite 18.

MENGE	100–120 Stück
TEIG	150 g Butter oder Margarine
	4 Eier
	250 g Zucker
	1 P. Vanillezucker
	375 g Weizenmehl
	250 g Speisestärke
	3 EL süßer Rahm / Sahne oder Dosenmilch
	1 P. Backpulver
ZUM AUSWELLEN	ca. 125 g Weizenmehl
°C	E-Herd 150–175 °C
	Gasherd 1–2
BACKZEIT	ca. 15–20 Minuten

„Jetzt haod se schao wieder koine Füeßle kriegt, meine Sprengerle!
Ausanandergloffa send dia Kerle wia vorigs Johr ao! I möchte bloß wissa, worom!"
Maih sait d'Mueter it. Se gucket's bloß vor's Seita a' ond denkt:
„Wenn se 's nächst Johr ao wieder vrgrotet, noh probiere's bloß noh oi mol."
I aber woiß gwieß: Bis 's nächst Johr om Weihnachta rom hot se des wieder vrgessa.

Richard Stöckle

Springerle, Rezept Seite 184

Springerle/Sprengerle

MENGE	80–90 Stück
TEIG	4 Eier, getrennt
	500 g feiner Zucker
	500–600 g Weizenmehl
	3 g Backpulver
	oder Hirschhornsalz
	etwas abgeriebene Bio-Zitronenschale, leicht angetrocknet
	2 EL Anis
	Holzmodel
FÜR DAS BLECH	Butter

ANFANGSBACKHITZE
°C   E-Herd 150 °C
     Gasherd 1–2
BACKZEIT ca. 20 Minuten

FERTIG BACKEN
°C   E-Herd 175 °C
     Gasherd 2–3
BACKZEIT ca. 20 Minuten

TIPPS
Das Mehl für Springerle sollte nicht zu frisch sein. Um trockenes Mehl zu erhalten, das Mehl in ein Leinensäckchen füllen und etwa 14 Tage an einem warmen Ort, z.B. nahe dem Heizkörper, aufhängen.
Den Teig in ein mit Kirschwasser beträufeltes Tuch einwickeln und dann portionsweise auswellen.
Wer viele Springerle bäckt, kann sich zwei Kanthölzer von 1 cm Höhe schneiden lassen und diese zum Auswellen an den Teig legen.
Hart gewordene Springerle mit Wasserfarben bemalen und als Dekoration verwenden!

Woher der Name Springerle oder Sprengerle kommt – darüber gibt es unterschiedliche Meinungen. Die Einen sagen, er käme von den „Füßle", die ein Springerle haben muss. Andere meinen, er käme von den Bildgebäcken, die oft mit einem Holzmodel, auf dem Ross und Reiter zu sehen sind, geformt waren. Und Dritte wiederum schreiben die Springerle gar der germanischen Mythologie zu, dem Gott des Lichtes, Balder, der Hirschgestalt annehmen konnte. Der weiße Hirsch heißt auch Springer.

Die Eiweiß steif schlagen, mit gesiebtem Zucker und Eigelb von Hand ca. 30 Min. mit dem elektrischen Handrührgerät 4 Min. rühren, bis der Zucker vollständig gelöst ist. Dann das gesiebte Mehl mit Backpulver (oder Hirschhornsalz) vermischt und die Zitronenschale nach und nach zugeben (Handarbeit ca. 1 Std.). Den Teig auf dem Backbrett so lange bearbeiten, bis er zart und geschmeidig ist. Dann ca. 1 Std. kalt stellen. Anschließend immer kleine Teigmengen, ca. 1 cm dick (evtl. zwischen Klarsichtfolie), auswellen, Oberfläche mit etwas Mehl bestäuben und das Förmchen (Model) in den Teig eindrücken. Dann den Model senkrecht nach oben abheben oder den Model gegen eine Tischkante schlagen. Die Formen ausstechen oder ausschneiden und auf ein gut mit Butter gefettetes, mit Anis bestreutes Backblech mit etwa 1 cm Abstand legen. 20–24 Std. an einem warmen, zugfreien Ort (z. B. in der Küche) ruhen lassen, bis die Springerle an der Oberfläche gut abgetrocknet sind.
Die Unterseite mit Zuckerwasser befeuchten, dabei darauf achten, dass die Oberfläche nicht feucht wird.
Im schwach vorgeheizten Backofen bei geöffneter Backofentüre vorbacken. Dann bei geschlossener Backofentüre fertig backen.
Die Springerle sollen gleichmäßig hohe „Füßle" (Sockel) haben, eine weiße Oberfläche und einen goldgelb gebackenen Boden. Nach dem Backen das Mehl abbürsten. Kühl aufbewahren.

Butter-S

Die Zutaten auf dem Backbrett rasch verarbeiten (vgl. Mürbeteig-Grundrezept, Seite 28) und den Teig kalt stellen. Dann von der Masse eine Wurst (5–6 cm Ø) rollen, gleichmäßige, dünne Scheiben abschneiden, „S" daraus formen und über Nacht ruhen lassen. Oder kleinfingerdicke „Wargeln" vom Teig abnehmen, „S" daraus formen – Größe, wie es beliebt.
Vor dem Backen mit schaumig geschlagenem Eiweiß bestreichen, in Hagelzucker oder Mandeln eintauchen und auf einem gefetteten Backblech hell backen.

MENGE	50–60 Stück
TEIG	450–500 g Weizenmehl 150 g Zucker 250 g Butter oder Margarine 6–7 Eigelbe oder 3 ganze Eier
ZUM BESTREICHEN	1 Eiweiß, verquirlt
ZUM BESTREUEN	ca. 100 g Hagelzucker oder geschälte, gehackte Mandeln
°C	E-Herd 175–200 °C Gasherd 2–3
BACKZEIT	ca. 20 Minuten

Spritzgebackenes/ Spritzgebäck

Mancherorts wird unter „Spritzgebackenes" bzw. „Spritzbachenes" auch heute noch ein Gebäck verstanden, das in siedendem Fett ausgebacken wird. Im „Schwäbischen Wörterbuch" von Fischer heißt es: „Man treibt einen weichen Teig durch eine blecherne Spritze in heißes Schmalz und backt Küchlein aus." Oder: „… fülle in die blechern Spritzen und lass so im Schmalz rum spritzen". Allgemein üblich ist jedoch das Backen auf dem Blech im Ofen.

Die Butter zerlassen, in eine Backschüssel umfüllen. Mit dem gesiebten Zucker nach Wahl, Vanillezucker sowie den Gewürzen verrühren. Die Eigelbe verquirlen, zur Buttermischung geben und gut verrühren. Dann nach und nach das gesiebte Mehl einarbeiten. Die Masse in einen Spritzsack füllen, dabei zum Einfüllen das obere Drittel des Sacks umstülpen und nicht zuviel Masse auf einmal einfüllen. Streifen oder Kringel oder andere beliebige Formen auf ein gefettetes Backblech spritzen. Im vorgeheizten Backofen hell ausbacken. Die Gutsle mit Hilfe einer Palette auf ein Kuchengitter setzen. Dann jeweils zwei passende Formen mit Konfitüre (Gsälz) bestreichen und noch warm zusammensetzen. Anschließend mit Puderzucker übersieben.

TEIG	150 g Butter 60 g Puderzucker oder feiner Sandzucker 1/2 P. Vanillezucker 1 Prise Salz 1 Msp. gemahlener Koriander 2 Eigelbe 180–200 g Weizenmehl
ZUM ZUSAMMENSETZEN	Johannisbeer- oder Himbeerkonfitüre
ZUM BESTREUEN	Puderzucker
°C	E-Herd 175–200 °C Gasherd 2–3
BACKZEIT	18–20 Minuten

Spitzbuben

MENGE	35–45 Stück
TEIG	100 g Butter oder Margarine 100 g Zucker 200 g Weizenmehl 75 g geschälte, gemahlene Mandeln 2 EL dicker Sauerrahm oder 1–2 EL Milch etwas Vanillezucker evtl. 1 Ei
ZUM FÜLLEN	feine Konfitüre oder Hägenmark
ZUM BESTREUEN	Vanille- oder Puderzucker
°C	E-Herd 175 °C Gasherd 2–3
BACKZEIT	ca. 12–15 Minuten

TIPPS
Die Gutsle nicht übereinander aufbewahren, sie kleben zusammen und die Oberfläche wird unansehnlich.
Sollte der Teig etwas brüchig sein (je nach Mehlbeschaffenheit), noch 20–30 g Butter einarbeiten.

Die Zutaten für den Teig auf dem Backbrett so lange hacken, bis sich die Masse zusammenballt, dann leicht verkneten. Den Sauerrahm oder die Milch nur in kleinen Mengen einarbeiten. Sollte der Teig bröselig sein, noch ein Ei unterkneten und nicht zu kalt stellen (vgl. Mürbeteig-Grundrezept, 28).
Den Teig in kleinen Portionen zwischen Klarsichtfolie oder auf Zucker sehr dünn auswellen und runde Plätzchen ausstechen. Bei der Hälfte der Gutsle in der Mitte mit einem Fingerhut oder einer kleinen Form eine runde Öffnung ausstechen. Die Gutsle entweder auf einem gefetteten oder auf einem mit Backpapier belegten Backblech im vorgeheizten Backofen hell backen. Achtung: Die Gutsle mit der Öffnung ca. 2 Min. kürzer backen.

Auf die noch warmen Plätzchen Konfitüre streichen und darauf die Lochplätzchen setzen, mit Puder- oder Vanillezucker bestreuen. Evtl. noch etwas Konfitüre in die Öffnungen geben.

Terrassenbrödle

Alle Zutaten auf dem Backbrett wie im Mürbeteig-Grundrezept, Seite 28, angegeben, rasch zusammenhacken. Leicht verkneten und dann 2–3 Stunden kühl stellen – nicht zu kalt, sonst lässt sich der Teig anschließend nur schwer weiterverarbeiten.
Den Teig in kleinen Portionen evtl. zwischen Klarsichtfolie dünn auswellen und in dreierlei Größen mit gezackten runden Förmchen ausstechen. Die Brödle auf einem leicht gefetteten Backblech im vorgeheizten Backofen hell ausbacken.

Die größten und mittleren Brödle jeweils mit Hägenmark oder Konfitüre dünn bestreichen und noch warm terrassenförmig übereinander setzen, die größten Brödle unten, die kleinsten Brödle bilden die Abdeckung. Mit Puderzucker übersieben.
Vor dem Aufbewahren gut abtrocknen lassen. Die Gutsle nebeneinander liegend in Blechdosen mit einem kleinen Apfelschnitz aufbewahren, dann bleiben sie schön mürbe.

MENGE 30–40 Stück

TEIG 400 g Weizenmehl
160 g Zucker
250 g Butter oder Margarine
1 kleines Ei oder 1 Eigelb

ZUM ZUSAMMENSETZEN
Hagebuttenmark (Hägenmark) oder Johannisbeerkonfitüre

ZUM BESTREUEN
Puderzucker

°C E-Herd 175–200 °C
Gasherd 2–3

BACKZEIT ca. 15–18 Minuten, die kleinsten Brödle schon nach 10 Minuten aus dem Backofen nehmen

TIPP
Sollte der Teig nicht gut zusammenhalten, das kann u. a. an der Mehlbeschaffenheit liegen, noch tropfenweise Milch einarbeiten.

Aussstecherle / Buttergebäck

MENGE	60–100 Stück, je nach Ausstechform
TEIG	500 g Weizenmehl 250 g Zucker 250 g Butter oder Margarine 8 Eigelbe oder 3–4 ganze Eier etwas abgeriebene Zitronenschale (Bio-Zitrone)
ZUM BESTREICHEN	1 Eigelb, verquirlt 50 g geschälte, gehackte Mandeln
ZUM BESTREUEN	50 g Hagelzucker
°C	E-Herd 175–200 °C Gasherd 2–3
BACKZEIT	ca. 12–15 Minuten, je nach Größe

Das Mehl mit den übrigen Zutaten zu einem Mürbeteig, siehe Grundrezept Seite 28, verkneten und 1 Std. kalt stellen. Dann 1 cm dick auswellen und verschiedene Formen ausstechen. Die Oberfläche mit Eigelb bestreichen, mit Mandeln und Hagelzucker bestreuen und auf gefettetem Blech im vorgeheizten Backofen hell backen.

Variante

Das Gebäck verschiedenfarbig glasieren, siehe Seite 37 f.

Helmut Pfisterers Gedicht „Wanns Grischdag wird" beschreibt, wie unverzichtbar Springerle oder Ausstecherle für die Weihnachtsbäckerei in Schwaben sind:

Fir Weihnachda muschd
Schbrengerla bacha
Gschenggla kaufa Gschenggla kaufa Gschenggla kaufa
Gschenggla kaufa Gschenggla kaufa Gschenggla kaufa
Gschenggla kaufa Gschenggla kaufa Gschenggla kaufa
Schbrengerla essa on Ausschdecherla
Gschenggla kaufa Gschenggla kaufa Gschenggla kaufa
Gschenggla kaufa
Schdille Nachd
Schdille Nachd
Schdille Nachd
on dr Advendsgranz azenda

Gschenggla kaufa Gschenggla kaufa Gschenggla kaufa
aber midama Bendale bidde
noe mid dem andera Gschenggbabierle
on soma rosaiche Bendale bidde
on Schdille Nachd
Schdille Nachd
Schdille Nachd
on Gschenggla eikaufa
Gschenggla eikaufa
Gschenggla eikaufa
on dr Chrischdbaum azenda
on s Haus azenda
bidde

Helmut Pfisterer

Bärentatzen/ Schokoladenmuscheln

Die Eiweiß zu steifem Schnee schlagen, mit Zucker, Zitronensaft und -schale dickschaumig rühren. Die mit dem Zimt vermengte Schokolade zugeben, noch kurz mitrühren, dann erst die Mandeln zufügen. Den Teig über Nacht nicht zu kalt stellen.
Die Teigmasse in mehreren Portionen verarbeiten. Kleine Kugeln formen, in Zucker rollen und in ein mit Zucker ausgestreutes Muschelförmchen (am besten aus Holz) fest eindrücken. Die Form auf dem Handballen aufstoßen, die Bärentatzen herauslösen und auf ein gefettetes, mit Weckmehl bestreutes (oder mit Backpapier belegtes) Backblech setzen, über Nacht abtrocknen lassen und im vorgeheizten Backofen backen.

Varianten
Zum Teig noch 5 g Hirschhornsalz, aufgelöst in 1 EL Kirschwasser geben. Mit den Mandeln zufügen.
Die fertig gebackenen Bärentatzen jeweils zur Hälfte in Schokoladenglasur, siehe Seite 38, tauchen.

MENGE	40–50 Stück
TEIG	4 Eiweiß 250 g Puderzucker abgeriebene Schale und Saft von 1 Bio-Zitrone 125 g geriebene Zartbitterschokolade, siehe Seite 133 1 Msp. Zimt 250 g ungeschälte, gemahlene Mandeln Weckmehl für das Blech
°C	E-Herd 150–175 °C Gasherd 1–2
BACKZEIT	ca. 15–20 Minuten

Zedernbrödle

Die Eiweiß zu steifem Schnee schlagen, mit dem Zucker, Vanillezucker und dem Zitronensaft schaumig rühren (1 Tasse für den Guss zurückbehalten). Die Zitronenschale und die Mandeln darunter mischen, die Masse in kleinen Mengen zwischen mit Zucker bestreuter Klarsichtfolie auswellen und Halbmonde oder Sterne davon ausstechen. Über Nacht zugedeckt auf dem Backbrett abtrocknen lassen, dann mit dem zurückbehaltenen, nochmals durchgerührten Guss glasieren und auf einem gefetteten Backblech im vorgeheizten Backofen hell backen (vgl. Zimtsterne, S. 191).

Variante
Noch ein paar Tropfen Bittermandelöl zur Schaummasse geben.

MENGE	65–70 Stück
TEIG	4–5 Eiweiß 600 g Puderzucker 1 P. Vanillezucker Saft und abgeriebene Schale von 2 kleinen Bio-Zitronen 500 g geschälte, gemahlene Mandeln
ZUM AUSWELLEN	Sandzucker
°C	E-Herd 150–160 °C Gasherd 1–2
BACKZEIT	ca. 12–15 Minuten

Helenenschnitten

Kastenform, ca. 30 cm lang

MENGE	30–35 Stück
TEIG	150 g Weizenmehl
	80–100 g Butter oder Margarine
	60 g Zucker
	70 g ungeschälte, gemahlene Mandeln
	30 g geriebene Zartbitterschokolade, siehe Seite 133
	1 Ei
	½ P. Vanillezucker
ZUM BESTREICHEN	1 Ei, verquirlt
ZUR FÜLLUNG	70 g geschälte, gehackte Mandeln
	½ P. Vanillezucker
	70 g Zucker
	1–2 EL Wasser
ZUR GLASUR	Vanilleglasur, Seite 37
°C	E-Herd 175–200 °C Gasherd 2–3
BACKZEIT	ca. 20–25 Minuten

Alle Zutaten zum Teig auf dem Backbrett verarbeiten (vgl. Mürbeteig-Grundrezept, Seite 28), glatt kneten und 60 Min. kalt stellen. Dann zwei lange, schmale Streifen (ca. 10 cm breit) auf Backtrennpapier auswellen. Einen Streifen in die gefettete, mit Backtrennpapier ausgelegte Kastenform legen (an den Schmalseiten das Papier etwas hochziehen), mit verquirltem Ei bestreichen und den Teigrand ringsum etwa 2 cm in die Höhe drücken.

Zur Füllung die Mandeln, Vanillezucker und Zucker sowie etwas Wasser in einer Schüssel gut zerdrücken, auf den Teigstreifen streichen und den zweiten Streifen darüber decken. Die Kastenform auf den Backrost stellen und die Helenenschnitten auf der mittleren Schiene im vorgeheizten Backofen hellbraun backen.

Die Helenenschnitten mit dem Backtrennpapier aus der Kastenform heben. Noch warm mit Vanilleglasur überziehen und in gleichmäßige Rechtecke schneiden.

Zimtsterne

Die Eiweiß mit dem Salz zu steifem Schnee schlagen, mit dem gesiebten Puderzucker, Zitronensaft und -schale so dick rühren, dass die Masse nicht mehr vom Löffel läuft. Davon zwei Kaffeetassen für den Guss zurückbehalten. Unter die übrige Masse den Zimt, nach Belieben den Kakao und die Mandeln mischen, dann kleine Portionen davon zwischen zwei Lagen Backpapier oder Klarsichtfolie, jeweils mit Sandzucker bestreut, fingerdick auswellen. Sterne° ausstechen, auf ein gefettetes oder mit Backpapier ausgelegtes Backblech setzen, am besten über Nacht trocknen lassen und mit dem zurückbehaltenen Guss überziehen. Dazu mit einem kleinen Löffel den Guss in der Mitte des Sterns aufbringen und mit einem Holzstäbchen (Zahnstocher) zu den Zacken hin verziehen.
Oder den Teig über Nacht kühl stellen und am nächsten Tag die Zimtsterne ausstechen und glasieren. Die Glasur ca. 10–15 Min. abtrocknen lassen, dann die Sterne im vorgeheizten Backofen so lange backen, bis der Guss hellgelb ist.

Auf eine gute Zimtqualität achten; Ceylonzimt (heute Sri Lanka) ist besser als der chinesische Zimt (Kassia).

° Während des Ausstechens die Form immer wieder in Zucker tauchen und die Ecken mit einem Messer säubern, damit die Sternform erhalten bleibt.

MENGE	50–60 Stück
	90 Stück kleine Zimtsterne 5,5 cm Ø
TEIG	4 Eiweiß, mittlere Größe
	1 Prise Salz
	300 g Puderzucker
	Saft und abgeriebene Schale von 1/2 Bio-Zitrone
	20–30 g Zimt
	evtl. 2 EL Kakaopulver
	400 g ungeschälte, gemahlene Mandeln
ZUM AUSWELLEN	Sandzucker
°C	E-Herd 150–160 °C Gasherd 1–2
BACKZEIT	ca. 12–15 Minuten, je nach Größe

TIPPS
Aus demselben Teig lassen sich auch Zimtherzen herstellen.

Haselnussbrödle

MENGE	60–80 Stück
TEIG	8 Eiweiß 500 g Puderzucker 1 P. Vanillezucker 375 g geschälte, gemahlene Haselnüsse 125 g geschälte, gemahlene Mandeln
ZUM AUSWELLEN	Sandzucker
°C	E-Herd 175 °C Gasherd 2
BACKZEIT	ca. 15–18 Minuten

Die Eiweiß steif schlagen, den gesiebten Puderzucker sowie den Vanillezucker zugeben und die Masse dickcremig rühren. Von der Schaummasse etwa 8 Esslöffel voll zurück behalten, kühl stellen. Dann die Haselnüsse und Mandeln unter die Eiweißmasse heben und auch diese Nussmasse über Nacht zugedeckt kühl stellen. Ein Backbrett mit Zucker bestreuen, kleine Portionen von der Nussmasse darauf ca. 1 cm dick auswellen und verschiedene Formen wie Halbmonde oder Hufeisen usw. davon ausstechen. Auf ein mit Backpapier belegtes Blech legen und jedes Brödle mit der zurückbehaltenen Glasur bestreichen. Im vorgeheizten Backofen hell ausbacken.

Strohhütle
Die komplette Schaummasse in kleinen Portionen auf Zucker auswellen und mit einem runden Ausstecher mit gewelltem Rand Brödle ausstechen. Mit verquirltem Eigelb (1–2 Eier) bestreichen, eine Haselnuss mittig aufsetzen und wie oben angegeben backen.

Walnussbrödle

MENGE	40–50 Stück
TEIG	300 g Zucker 4 Eier 300 g gemahlene Walnuss-/Baumnusskerne abgeriebene Schale von 1 Bio-Zitrone 75 g Weizenmehl 1 EL Kirschwasser
GLASUR	200 g Puderzucker 1 Eiweiß 1 TL sehr fein gemahlener Bohnen- oder Instantkaffee 100 g halbierte Walnuss-/Baumnusskerne
°C	E-Herd 175–200 °C Gasherd 2–3
BACKZEIT	ca. 15–18 Minuten

Zucker und Eier ca. 2 Min. mit dem elektrischen Handrührgerät rühren, die übrigen Zutaten untermischen und den Teig auf dem Backbrett (eventuell auf Zucker) 1 cm dick auswellen. Kleine, runde Brödle (Plätzchen) ausstechen.
Zum Guss Eiweiß und Puderzucker glatt verrühren, Kaffeepulver zufügen und je eine Walnusshälfte in den Guss tauchen. Die Brödle (Plätzchen) damit belegen, auf ein mit Backtrennpapier belegtes Blech setzen und im vorgeheizten Backofen backen.

Variante
Die Brödle nach dem Backen glasieren und mit Zuckerlösung bestrichene Nusskerne darauf setzen.

Butterbrödle/ Mandelbrödle

Den steifen Eischnee mit Zucker leicht verrühren, Mandeln, Schokolade, Vanillezucker oder Zitronensaft zufügen, alles auf dem Backbrett rasch verarbeiten und den Teig kalt stellen. Dann ca. 1 cm dünn auswellen, halbmondförmige Brödle ausstechen und auf gefettetem Backblech im vorgeheizten Backofen hell backen.

Für die Glasur das Eiweiß leicht schlagen und mit dem gesiebten Puderzucker gut verrühren. Die Brötchen damit überziehen, den Rand ringsum frei lassen und auf die noch feuchte Glasur gewiegte Pistazien oder fein geschnittenes Zitronat streuen.

TIPPS

Teige, die mit Eischnee, Zucker, geriebenen Mandeln bzw. Nüssen zubereitet werden, sind oft schwierig zu verarbeiten. Es empfiehlt sich, kleinere Teigportionen zwischen Klarsichtfolie auszuwellen. Man kann den Teig natürlich auch auf geriebenen Mandeln oder Nüssen bzw. Zucker auswellen, die Teigbeschaffenheit verändert sich dann ein wenig.

Bei Teigen, die mit Eiweiß zubereitet werden, bleibt viel Eigelb übrig. Entweder einfrieren oder Gebäck mit mehr Eigelb backen, z. B. Weinbeißer, Seite 195, Zweifelstricke, Seite 146, Luisenbrödle, Seite 180, Butter-S, Seite 185,

MENGE	50–60 Stück
TEIG	3 Eiweiß, zu steifem Schnee geschlagen 250 g Zucker 250 g ungeschälte, gemahlene Mandeln 250 g geriebene Zartbitterschokolade, siehe Seite 133 1 P. Vanillezucker oder Saft von 1/4 Zitrone
GLASUR	1 Eiweiß 125 g Puderzucker 50 g geschälte Pistazien oder Zitronat
°C	E-Herd 175–200 °C Gasherd 2–3
BACKZEIT	ca. 15–18 Minuten

Kleiebrödle

MENGE	50–60 Stück
TEIG	3 Eigelbe 60 g Zucker 125 g Butter 250 g Weizenmehl 2–3 EL Weizenkleie
GUSS	3 Eiweiß 180 g Zucker 250 g ungeschälte, gemahlene Mandeln 1 Prise Zimt abgeriebene Schale von ½ Bio-Zitrone
°C	E-Herd 150–175 °C Gasherd 1–2
BACKZEIT	ca. 18–20 Minuten

ANMERKUNG
Beim Mahlen von Getreide fallen verschiedene Produkte an: Kleie (mit einem hohen Anteil an Schalen), Grieß (körnig, mit einem hohen Anteil an Kleie), Dunst (hier wird ein Teil der Kleie ausgesiebt) und schließlich Schrot und Mehl (besteht aus dem eigentlichen Mehlkörper und ist staubfein). Siehe dazu auch Seite 16.

Aus Eigelb, Zucker, Butter, Mehl und Kleie auf dem Backbrett rasch einen Teig zusammenfügen und glatt kneten. Etwa ½ cm dick auswellen und mit einem runden, gezackten Förmchen Brödle ausstechen. Auf ein mit Backtrennpapier belegtes Blech legen. Für den Guss die Eiweiß sehr steif schlagen, dann den gesiebten Zucker, Mandeln und Zimt sowie Zitronenschale einrühren. Auf jedes Brödle etwa einen Teelöffel Guss setzen (nicht verstreichen) und die Kleiebrödle im vorgeheizten Backofen backen.

Variante
Statt Zitronenschale den Abrieb von 1 Bio-Orange verwenden.

Weinbeißer

Aus den Zutaten einen Blätterteig nach Grundrezept Seite 32 zubereiten und kalt stellen.
Den Blätterteig etwa ½ cm dick auswellen und kleine Brödle ausstechen. Mit verquirltem Eigelb bestreichen, die Weinbeißer auf kalt abgespülte Backbleche legen und nacheinander im vorgeheizten Backofen goldgelb ausbacken.

MENGE	40–50 Stück
TEIG	250 g Weizenmehl
	200 g Butter oder Margarine
	3 Eigelbe
	2 EL Zucker
	1 Prise Salz
	1–2 EL Kirschwasser
	ca. $1/10$ l Weißwein
ZUM BESTREICHEN	2 Eigelbe, verquirlt
°C	E-Herd 180 °C
	Gasherd 2–3
BACKZEIT	ca. 12–15 Minuten

TIPP
Sollte der Teig zu weich sein, noch ca. 30 g Weizenmehl einarbeiten.

Honiglebkuchen

MENGE	50–60 Stück
TEIG	200 g geschälte Mandeln 400 g Zucker 400 g flüssiger Honig, z. B. Akazienhonig je 70 g Zitronat und Orangeat je 1 gute Prise Muskatblüte und Nelken, gemahlen 10 g Zimtpulver abgeriebene Schale von ½ großen Bio-Zitrone 2–3 EL Kirschwasser 1 P. Backpulver oder Hirschhornsalz, siehe Seite 18 450 g Weizenmehl
FÜR DAS BLECH	Margarine oder Öl oder Backwachs, siehe Seite 178 Mehl
GLASUR	Zitronenglasur, Seite 37
°C	E-Herd 200–225 °C Gasherd 3–4
BACKZEIT	ca. 30–40 Minuten

Nicht nur Nürnberg war im Mittelalter bekannt für seine Lebkuchen. Auch in Ulm war die Zunft der „Lebküchner", teilweise auch „Lebzelter" genannt, vertreten (erwähnt in den Urkunden von 1296). Diese Zunft hatte eigene Gesetze und Regeln, verstieß man dagegen, wurde dies geahndet.

Die Mandeln hacken und mit der Hälfte der Zuckermenge rösten. Den restlichen Zucker mit dem Honig erhitzen, das klein gehackte Zitronat, Orangeat und die Gewürze zufügen, dann abkühlen lassen. Zitronenschale, Kirschwasser, das mit Backpulver vermengte Mehl und die gerösteten Mandeln zugeben, alles gut mit der Honigmasse vermischen – der Teig darf nicht flüssig sein – und den Teig 1 cm dick auswellen. Den Teig etwa 1 Std. ruhen lassen. Dann auf ein dick mit Mehl bestreutes Backbrett legen. Über Nacht kühl stellen und trocknen lassen.
Am nächsten Tag zwei gefettete, mit Mehl bestäubte Bleche mit dem Teig belegen. Die Lebkuchen im vorgeheizten Backofen hellbraun backen.

Noch warm auf dem Blech glasieren und anschließend in Rechtecke schneiden.

Haselnusslebkuchen

Lebkuchen und Oblatengebäck wurden zunächst in Klöstern hergestellt. Der Ursprung soll ein Fladengebäck sein, dem auch Honig zugesetzt war. Dieser Honigkuchen war eine Art Kultgebäck. Man sprach ihm lebensspendende, gesundheitsfördernde und heilbringende Wirkungen zu. Der Überlieferung nach sollen bereits im 8. Jahrhundert in den Klöstern Heilbrote gebacken worden sein. Etwa zur selben Zeit kamen die ersten „exotischen" Gewürze nach Europa, allen voran der Pfeffer. So wurde aus dem Heilbrot durch Beigabe von Gewürz zuerst der Pfefferkuchen, später entwickelte sich der Name zu Lebkuchen (etwa 13. Jahrhundert, abgeleitet von dem Wort „lebekuoche").

MENGE	30–40 Stück
TEIG	280 g geschälte Haselnüsse 6 Eiweiß oder 4 ganze Eier 350 g feiner Zucker 100 g Weizenmehl etwas Vanillezucker 2 g Hirschhornsalz, siehe Seite 18 große rechteckige Backoblaten
°C	E-Herd 175–200 °C Gasherd 2–3
BACKZEIT	ca. 35 Minuten

Die Haselnüsse grob wiegen. Dann in einer Schüssel mit 3 Eiweiß vermischen und zerdrücken (dazu eignet sich ein Kartoffelstampfer oder ein Stößel). Oder die Nüsse samt Eiweiß im Schnellmixer oder mit dem Pürierstab kurz durchschlagen. Die übrigen Eiweiß zu leichtem Schnee schlagen, sämtliche Zutaten beifügen und alles gut vermengen. Ein Backblech mit großen Oblaten auslegen, die Lebkuchenmasse darauf streichen und im vorgeheizten Backofen backen.

Noch warm in gleichgroße Stücke schneiden.

Variante
Runde Backoblaten mit der Lebkuchenmasse bestreichen, dabei zum Rand hin flacher werden.

Ein Rezept von ca. 1600 heißt „Gefüllte Oblaten": Es handelt sich um einen Ausbackteig aus Mehl, Weißwein, Eigelb, Öl, Salz und steif geschlagenem Eiweiß, in den zwei Oblaten, gefüllt mit getrockneten, fein geschnittenen Äpfeln und Feigen, Rosinen, in Honig abgeröstet und mit Gewürzen abgeschmeckt, getaucht werden. Anschließend werden die Oblaten in Fett schwimmend ausgebacken.

Quittenspeck oder -brot

ZUTATEN
1 kg reife Quitten
ca. ½ l Wasser
500–750 g Zucker

FÜR DAS BLECH
Pflanzenöl

ZUM BESTREUEN
Hagelzucker

ODER GLASUR
Zitronenglasur, Seite 37

TIPP
Wird eine intensivere Farbe gewünscht, die heiße Quittenmasse noch mit 2–3 Esslöffeln roter Konfitüre nachfärben.

HALTBARKEIT
Quittenspeck hält sich einige Wochen – wenn er nicht vorher schon gegessen wird!

Unsere Omi hatte einen Quittenbaum in ihrem Garten. Jedes Jahr wartete sie ungeduldig, bis die Früchte dunkelgelb gereift waren und herrlich dufteten. Und dann gab es kein Halten mehr: Der Quittenspeck wurde bereitet – und gut verwahrt, denn er sollte bis Weihnachten reichen!

Die Quitten mit einem Tuch gut abreiben, halbieren, entkernen und in Stücke schneiden.
Die Quittenstücke mit Wasser in einem großen Topf weich kochen, dann durch ein feines Sieb passieren. Das Quittenmark abmessen: Auf 500 g Fruchtmasse 500 g Zucker nehmen. Diese Mischung unter ständigem Rühren so lange kochen, bis die Masse dick ist. Ein tiefes Backblech mit Backtrennpapier oder Alufolie auskleiden, diese leicht einölen. Darauf die Paste streichen und mindestens 2 Tage, besser eine Woche, trocknen lassen. Dann Figuren mit verschiedenen Förmchen ausstechen oder Quadrate oder Rhomben von der Masse schneiden und entweder in Hagelzucker wälzen oder mit Zitronenglasur überziehen.

Variante
Ein altes Rezept sieht folgende Zubereitung vor: 1 kg Quitten – man kann übrigens auch Äpfel oder Birnen nehmen – mit einem Tuch gut abreiben, den Blütenansatz entfernen und die ganzen Früchte in einen großen Topf legen. Mit Wasser bedeckt solange kochen, bis die Schale aufspringt. Die Früchte einzeln durch ein grobes Sieb passieren, die Masse in einen Messingkessel geben und die entsprechende Menge Zucker zugeben (siehe oben). Das Ganze unter beständigem Rühren etwa 2 bis 2 ½ Stunden köcheln, wobei sich das Vorhalten eines großen Deckels als Spritzschutz bewährt hat. Wenn sich die Masse vom Kessel löst, von der Kochstelle nehmen und entweder in mit Zitronensaft ausgegossene Förmchen oder Porzellanschalen gießen. Nach einem Tag die Förmchen/Schalen stürzen.

Hutzel- oder Schnitzbrot, Rezepte Seite 218 & 220

Gebäck zu Festtagen im Jahreslauf

Neujahrsbrezel

MENGE	für 2 große Brezeln
TEIG	Hefeteig, Grundrezept, Seite 22 jedoch nur 50 g Butter oder Margarine und abgeriebene Schale von 1 Bio-Zitrone
ZUM BESTREICHEN	1 Eigelb, verquirlt oder Zuckerwasser
ZUM BESTREUEN	Mandelstifte oder Hagelzucker
°C	E-Herd 180–200 °C Gasherd 2–3
BACKZEIT	ca. 25–30 Minuten

ANMERKUNG
In manchen Gegenden wird die Hefebrezel mit einem salzigen Teig hergestellt. Lediglich zum Vorteig (Dämpfle) wird $^1/_2$ Teelöffel Zucker genommen. Die Brezel wird vielerorts auch als Weihnachtsbrezel verschenkt.

Den Hefeteig zubereiten und ca. 30 Minuten gehen lassen. Die Teigmenge in zwei große und eine kleinere Portion teilen. Die zwei großen Teigballen zu etwa daumendicken Strängen rollen, die an den zwei Enden etwas dünner sein sollten. Ein Backblech gut fetten oder mit Backtrennpapier belegen.
Die zwei Stränge jeweils zu einer Brezel schlingen und mit etwas Abstand auf das Blech legen. Aus dem kleinen Teigteil drei dünne Stränge rollen und zwei Zöpfe daraus flechten.
Die Zöpfe auf die breitere Unterseite der Brezeln legen und diese nochmals 20 Min. gehen lassen. Dann mit verquirltem Eigelb oder Zuckerwasser bestreichen und mit Mandelstiften oder Hagelzucker bestreuen. Im vorgeheizten Backofen auf der mittleren Schiene goldgelb backen.

Die Brezeln abkühlen lassen, in Zellophanpapier verpacken und frisch verschenken.

Variante

Einen Hefeteig aus 20 g Frischhefe, 100 ml lauwarmer Milch, 40 g Zucker, 350 g Mehl, 50 g weicher Butter, 3 EL Sauerrahm, 1 Ei, ½ Teelöffel Salz, 1 Prise Muskat, Schalenabrieb von einer halben Bio-Zitrone herstellen und ca. 15 Minuten gehen lassen. Drei Stränge à ca. 50 cm Länge (zum Ende etwas dünner werdend) formen und daraus Brezeln schlingen (Anleitung siehe Seite 61). Mit verquirltem Eigelb bestreichen und auf gefettetem Backblech noch ca. 20 Min. gehen lassen. Im vorgeheizten Backofen (E-Herd 220°C / Gasherd 3–4) etwa 15–18 Minuten backen.

Reutlinger Mutschel

Eigentlich sind die Mutscheln ein Kaffeegebäck, aber in Reutlingen gibt es eine Ausnahme: Am Donnerstag nach Dreikönig ist in Reutlingen traditionell „Mutscheltag". Am Abend wird in den Bäckereien, die sich in Wirtshäuser verwandeln, oder auch in den eigentlichen Gasthäusern um die Mutscheln gewürfelt. Dazu wird Wein, gelegentlich auch Bier getrunken und als Beilage wird ein Wurstsalat gereicht.

Auch in Biberach und Ulm gibt es Mutscheln. Die „Ulmer Mutscheln" sehen ganz anders aus als die Variante aus Reutlingen: Hier handelt es sich um ein flaches, langovales Gebäck, dessen Oberfläche eingeritzt und mit je einem „Knopf" an beiden Enden versehen ist.

In manchen Gegenden wird das Gebäck auch „Mitschel" genannt.

Einen festen Hefeteig mit Vorteig nach Grundrezept, Seite 22, zubereiten. Der Teig darf nicht zu weich sein. Den Teig mit einem Tuch bedeckt gehen lassen.
Aus ⅚ der Teigmenge eine Kugel formen (evtl. mit Hilfe von etwas Mehl) und leicht flach drücken. Dann vom Rand her in regelmäßigen Abständen acht Mal einschneiden. Den Teig von der Mitte her etwas auseinanderziehen – es soll eine Art Stern entstehen. Aus dem restlichen Teig einen Zopf flechten und als Kranz um die etwas erhöhte Mitte legen.
Die Mutschel auf ein gefettetes Backblech legen, nochmals etwa 20–30 Minuten gehen lassen, mit dem Eigelb (oder Kondensmilch) bestreichen und im vorgeheizten Backofen hell ausbacken.

Variante

Den Zopf in die Mitte der Mutschel legen, die Ränder einschneiden (siehe Abbildung auf Seite 209).

TEIG
1 kg Weizenmehl (Type 405)
knapp 1½ Würfel Frischhefe
⅜–½ l lauwarme Milch, je nach Mehlbeschaffenheit
20–40 g Zucker
1½ TL Salz
180–200 g Butter

ZUM BESTREICHEN
1 Eigelb, verquirlt, oder etwas Kondensmilch

°C
E-Herd 180–200 °C
Gasherd 2–3

BACKZEIT 25–30 Minuten

ANMERKUNG
Bereits im 13. Jahrhundert wird in alten Schriften ein Gebäck namens „Mutsche" erwähnt. Mutsche bedeutet soviel wie „ein bestimmtes kleines Brot". Und im 14. Jahrhundert soll der Reutlinger Bäckermeister Albrecht Mutschler diese Köstlichkeit erfunden haben. Unklar ist weiterhin, ob es sich bei dem Gebäck um die Nachbildung des Sterns der Weisen aus dem Morgenland handelt oder ob es eine Art Opferbrot war.

Ravensburger Funkenring

TEIG	Hefeteig, Grundrezept, Seite 22 jedoch mit 50 g Zucker 80 g Butter und 1 TL Salz
°C	E-Herd 200–225 °C Gasherd 3–4
BACKZEIT	ca. 25 Minuten

Der Funkensonntag ist einem heidnischen Brauch entsprungen; an diesem Tag wurde und wird auch heute noch ein Scheiterhaufen entzündet, auf dessen Spitze eine Strohpuppe oder Hexe festgemacht ist. Früher wurde diese Strohpuppe auf manchen Dörfern noch mit Schwarzpulver „geladen", was beim Verbrennen noch zusätzlichen Lärm verursachte. So wurde mit lautem Knallen und Krachen der Winter ausgetrieben. Die Funkenringe, die landschaftlich auch unterschiedlich geformt werden, wurden in der Wirtschaft (ähnlich wie die Mutscheln) ausgewürfelt: Der mit der höchsten Punktezahl bekam ein Gebäckstück.

Den Hefeteig zubereiten, 15 Minuten gehen lassen. Dann gut durcharbeiten und zwei Rollen formen, diese 15 Min. ruhen lassen. Die Rollen umeinander schlingen und zu einem Ring auf ein gefettetes Backblech legen. Die Enden gut zusammendrücken. Auf dem Blech noch einmal 15 Minuten gehen lassen. Im vorgeheizten Backofen hellbraun ausbacken.

Horaffen

Zu Herkunft und Form gibt es unterschiedliche Angaben. Das Hefegebäck ist seit dem Mittelalter, wo es zu bestimmten Feiertagen an die Armen verteilt wurde, bekannt.
Der historische Horaffe stammt aus Crailsheim und hat die Form von zwei Hörnern bzw. zwei Halbmonden, die in der Mitte aneinandergefügt sind. Der Sage nach soll die Bürgermeisterin von Crailsheim im Jahre 1379 ihre Stadt von einer feindlichen Belagerung befreit haben, indem sie ihr Hinterteil mit einem künstlichen Bart dekorierte und dann durch eine Öffnung der Stadtmauer streckte. Die Feinde sollen bei dem Anblick so erschrocken sein, dass sie mit dem Ausruf „Horaffe" (das heißt soviel wie behaarte Affen) voller Entsetzen flohen. Jedes Jahr wird dieser Tag (1. Fastensonntag) in Crailsheim mit diesem Gebäck gefeiert. Erste schriftliche Erwähnung fand das Gebäck 1530 in der Bäckerordnung (andere Quellen vermuten sogar germanischen Ursprung).
Schwäbische und fränkische „Hornaffen" hatten die Gestalt eines X, dessen Enden zu Schnecken geformt waren. Sie sollen ein Fastnachtsgebäck gewesen sein.

Den Hefeteig mit einem Vorteig zubereiten: Zuerst 15 Minuten gehen lassen, dann durchkneten und anschließend noch einmal 30 Min. gehen lassen. Ein Backbrett mit Mehl bestreuen, auch die Hände gut bemehlen. Vom Teig kleine Mengen abnehmen, zu jeweils etwa 1 ½ cm dicken und 10 cm langen Rollen formen. Jede Rolle zu einem Halbkreis biegen und zwei Halbkreise aneinander setzen. Die Horaffen mit etwas Abstand auf ein gefettetes oder mit Backtrennpapier belegtes Blech legen. Nochmals etwa 15 Minuten gehen lassen. Mit Milch bestreichen und das Gebäck im vorgeheizten Backofen auf der mittleren Schiene hellgelb backen.

Die Glasur nur mit Alkohol anrühren. Die Horaffen auf ein Kuchengitter legen und noch warm glasieren.

MENGE ca. 20 Stück

TEIG Hefeteig mit Vorteig, Rezept Seite 22, jedoch mit
50 g Frischhefe
150 g Zucker
150 g Butter
1 P. Vanillezucker
abgeriebene Schale von
1 Bio-Zitrone

ZUM FORMEN
Weizenmehl

ZUM BESTREICHEN
2–3 EL lauwarme Milch
oder
1 Eigelb, verquirlt

FÜR DIE GLASUR
Arrak- oder Rumglasur, siehe Seite 37, jedoch mit 4–5 EL Arrak oder Rum

°C E-Herd 180 °C
Gasherd 2–3

BACKZEIT ca. 25–30 Minuten

VARIANTE
Die Horaffen aus Hefeblätterteig, Rezept Seite 33, zubereiten. Aus dem Teig Würste von ca. 15 cm Länge rollen, an den Seiten zusammensetzen, so dass ein dreifingriges Gebäckstück entsteht. Mit Eiweiß-Zuckerglasur, Rezept Seite 38, bestreichen und mit gehackten Mandeln bestreuen. Goldgelb backen. Alternativ: erst backen, dann mit Schokoladenglasur, Rezept Seite 38, bestreichen.

Hefebrezeln

MENGE	für 4–8 Stück, je nach Größe
TEIG	Hefeteig I, Grundrezept, Seite 22 abgeriebene Schale von 1 Bio-Zitrone Hagelzucker oder Kümmel
ZUM BESTREICHEN	1 Ei, verquirlt; alternativ: etwas Dosenmilch
°C	E-Herd 200–225 °C Gasherd 3–4
BACKZEIT	ca. 20–25 Minuten, je nach Größe
ANMERKUNG	Dieses Rezept eignet sich auch für die einfachere Zubereitung von Flachswickeln oder Flachszöpfen (siehe Seite 214). Aus dem Teig lassen sich auch Hörnchen, Kränzchen oder Schnecken formen.

Die Brezel war in alten Zeiten ein Gebäck, das der Fastenzeit vorbehalten war. Die Brezelformen veränderten sich im Laufe der Jahrhunderte, von einfachen Halbbögen mit wulstigen Enden bis hin zu kunstvoll verschlungenen Gebilden, die manchmal nur noch entfernt an die heute bei uns übliche Brezel erinnern. Es gibt sehr unterschiedliche Deutungsversuche, woher der Name stammt. Zum Beispiel soll der Begriff aus dem lateinischen „bracellum" = Ärmchen bzw. braces = Arm/Oberarm entstanden sein (siehe auch Seite 59 Laugenbrezeln). Die mönchische Armhaltung wurde auch als „brachitum" bezeichnet – und die ersten Brezeln sollen in Klöstern aus Semmelteig gebacken worden sein. Im Althochdeutschen wurde aus „brachitum" dann „brezita" und von dort bis zur „Brezel" ist es sprachlich nicht mehr weit.

Den Hefeteig nach Grundrezept zubereiten. Nach dem Aufgehen nochmals auf dem mit Mehl bestäubten Backbrett durchkneten und dabei die geriebene Zitronenschale einarbeiten. Den Teig zu einer langen Rolle formen, gleichmäßige Stücke abschneiden und zu ca. 25 cm langen Strängen rollen. In Hagelzucker wenden und Brezeln daraus schlingen. Auf dem gefetteten Backblech nochmals gehen lassen, verquirltes Ei oder Dosenmilch über das Gebäck streichen und hell backen.

Fastenbrezeln

Viele Geschichten und Anekdoten ranken sich um die „Erfindung" der Brezel. Eine berichtet von einem ernsthaften Streit. Es muss hoch her gegangen sein, denn ein Bäcker konnte sein Leben nur retten, weil er einen „Kuchen" erfand, durch den die Sonne dreimal durchscheint.

Den Hefeteig nach Grundrezept, jedoch ohne Zucker (außer für den Vorteig) und die Butter in zwei Portionen zugeben: zuerst zum Vorteig, dann nach dem Aufgehen des Teiges die zweite Portion unterkneten. Kümmel in den Teig einarbeiten. Brezeln formen, diese nochmals gehen lassen, mit verquirltem Eigelb bestreichen und mit grobem Salz oder Kümmel bestreuen. Backen wie die Palmbrezeln (Rezept Seite 212).

TEIG
Hefeteig I, Grundrezept, Seite 22 (mit nur 1 TL Zucker für den Vorteig)
1 TL Kümmel, grob zerstoßen oder gewiegt

ZUM BESTREICHEN
1–2 Eigelb, verquirlt

ZUM BESTREUEN
grobes Salz oder Kümmelsamen

°C
E-Herd 200–220 °C
Gasherd 3–4

BACKZEIT je nach Größe bzw. Dicke der Brezeln ca. 15–18 Minuten

Reutlinger Mutschel, Rezept Seite 203

Fasnetsküchle
aus Hefeteig

MENGE	ca. 30–35 Stück
TEIG	500 g Weizenmehl (Type 405) 25 g Frischhefe knapp ¼ l Milch 70 g Butter 50 g Zucker 2–3 Eier, je nach Größe 1 gute Prise Salz abgeriebene Schale von ¼ Bio-Zitrone
ZUM BACKEN	Butter- oder Schweineschmalz
ZUM BESTREUEN	Zimtzucker oder Puderzucker
VARIANTE	Statt 70 g Butter nur 60 g süßen Rahm (Sahne) zugeben.

Fasnet ohne Fasnetsküchle – unvorstellbar! Pünktlich zur Fasnet – meist schon am „Schmotzigen Dor'schtich" (Donnerstag vor Fasnetssonntag) wurde der Teig geschlagen und es duftete nach frisch ausgebackenen Küchle. Beim Anblick der hoch aufgetürmten luftigen Küchle auf der Platte hieß es zwar oft: Wer soll denn die alle essen? Aber – nach kurzer Zeit war „koi Fitzele" (kein Krümel) mehr übrig, denn Fasnetsküchle müssen frisch gegessen werden!

Mehl in einer Backschüssel im Backofen leicht erwärmen. Einen Vorteig in der Mitte des erwärmten Mehls anrühren. Nach dem Aufgehen die anderen, ebenfalls erwärmten Zutaten beifügen und den Teig so lange schlagen, bis er Blasen wirft. Dann in etwa 1 Std. bis zum doppelten Volumen aufgehen lassen.

Ein Backbrett mit Mehl bestreuen, den Teig fingerdick darauf auswellen und kleine Rauten abrädeln. Diese nach einer Ruhezeit von etwa 20 Min. durch Einstechen mit einer Gabel auflockern.

Fett in einem hohen Topf oder in einer Fritteuse erhitzen. Die Fasnetsküchle in kleinen Portionen einlegen (damit das Fett nicht zu sehr abkühlt) und schwimmend goldgelb backen. Auf Küchenkrepp entfetten und sofort mit Zimtzucker oder Puderzucker bestreuen.

Wiener Fasnetsküchle

Zum Teig noch ½ P. Vanillezucker und 1–2 EL Rum geben. Den Teig nur 30 Min. gehen lassen, dann fingerdick auswellen und mit einem Glas oder Ausstecher Plätzchen von 6–7 cm Ø ausstechen. Auf die Hälfte der Rondellen gut einen Teelöffel Aprikosenkonfitüre geben, das zweite Teigstück darauf legen und an den Rändern gut festdrücken. Nochmals zugedeckt gehen lassen und dann im heißen Fett rundum ca. 2–3 Minuten ausbacken. Mit feinem Zucker bestreuen oder mit Zuckerglasur (Seite 38) überziehen.

Ulmer Fasnetsküchle/Öhrle

Etwa hühnereigroße Mengen vom Teig abnehmen, weitere 15–20 Minuten auf einem mit Mehl bestreuten Backbrett gehen lassen. Dann jedes Teigstück von der Mitte her nach außen ziehen, sodass außen eine Art Wulst entsteht, das Küchle in der Mitte aber sehr dünn ist. Dabei das Teigstück ständig drehen. Im heißen Fett ausbacken, der Rand darf dabei braun werden. Noch heiß mit Zucker und Zimt bestreuen.

Gefüllte Kräpfle

Eine Variante zu den einfachen Fasnetsküchle sind die gefüllten Kräpfle, die ebenfalls in der närrischen Zeit gebacken werden.

Birnenhutzeln (bzw. getrocknete Äpfel oder Zwetschgen) über Nacht einweichen und am nächsten Tag mit etwas Wasser zu Hutzelmus kochen. Mit gemahlenem Zimt und Nelken würzen. Den Teig etwa ½ cm dick auswellen, fingerlange rechteckige Flecken davon schneiden, mit etwas Hutzelmus bestreichen, dabei ringsum einen Rand frei lassen. Diesen mit verquirltem Eiweiß bestreichen. Die Teigflecken auf die Hälfte einschlagen, Ränder fest zusammendrücken. Die Kräpfle im heißen Fett schwimmend herausbacken und evtl. mit Zimtzucker bestreuen.

Weitere Leckereien, nicht nur zur Fasnet

Scherben, Rezept Seite 166, Hirschhörnle, Rezept Seite 167, Bubaschenkele, Rezept Seite 169. Auch der Aalener Pfannebeischt, Rezept Seite 168, ist ein Schmalzgebäck, das sowohl zur Fasnet als auch zu Kirchweih, zur Sichelhenke und gelegentlich auch zu Weihnachten gegessen wird.

ANMERKUNG
Je nach Landschaft heißen die innen flachen, nach außen hin dicker werdenden Küchle auch „Kopfkissele".

MENGE ca. 30–35 Stück

TEIG Teig siehe Fasnetsküchle, Seite 210

FÜLLUNG
300 g Birnenhutzeln (oder Äpfel oder Zwetschgen)
½ TL Zimt
1 Prise gemahlene Nelken
1 Eiweiß, verquirlt

ZUM AUSBACKEN
Butterschmalz oder Sonnenblumenöl

ZUM BESTREUEN
Zimtzucker

Palmbrezeln

MENGE	für 6 große oder 10 kleine Brezeln
TEIG	1 kg Weizenmehl (Type 550) 60 g Frischhefe 10 g Salz 120 g Zucker 150–200 g Butter ca. 3/8 – 1/2 l lauwarme Milch Zitronensaft 150–200 g Rosinen
ZUM BESTREICHEN	verquirltes Eigelb
°C	E-Herd 200–220 °C Gasherd 3–4
BACKZEIT	je nach Größe bzw. Dicke der Brezeln ca. 15–20 Minuten

Etwa Mitte des 10. Jahrhunderts taucht die Brezel als Gebäck in den Klöstern auf, wo sie an Kinder und Bedürftige verteilt wurde. Aber das waren einfachere Rezepturen als die vergleichsweise „üppige" Palmbrezel.

Hefe in der Milch auflösen. Mit allen Zutaten, außer den Rosinen, einen mittelfesten Teig bereiten, gut kneten. Zum Schluss die Rosinen kurz unterkneten. Den Teig ca. 10 Min. ruhen lassen, danach einmal kurz durchkneten und nochmals 10 Min. ruhen lassen. Teigstücke von 100–250 g (6 große Brezeln bis zu 250 g) abwiegen und zu langen Teigsträngen formen. Wie es bei Brezeln üblich ist, soll der Teigstrang in der Mitte dicker (für den „Bauch" der Brezel) und zu den beiden Enden hin dünner sein. Die ausgerollten Teigstränge zu Brezeln formen und auf ein gefettetes Blech setzen, aufgehen lassen und durch kühle Lagerung etwas absteifen lassen. Anschließend mit Eigelb bestreichen, den „Bauch" der Brezel mit einer Schere mehrmals einzwicken. Die kleinen Brezeln können auch mit einem Messer einmal der Länge nach am dicken Teil eingeschnitten werden.

Osterlämmle

Eier, Zucker, Vanillezucker und Zitronenschale in einen Schlagkessel geben, diesen in ein Wasserbad setzen und die Masse mit dem Schneebesen warm aufschlagen. Vom Wasserbad nehmen und kalt schlagen. Dann löffelweise das Mehl und die Speisestärke unterheben und zuletzt die flüssige Butter.
Die Backformen sehr sorgfältig ausfetten, den Teig auf ¾ Höhe einfüllen, Formen zuklappen, auf den Backrost stellen (mittlere Schiene) und die Lämmle im vorgeheizten Backofen hell backen.

Die Osterlämmle kurz in der Form ruhen lassen, dann aus den Förmchen lösen und abgekühlt mit Puderzucker bestäuben. Jedes Lamm mit einem kleinen Papierfähnchen versehen.

Varianten
Die Lämmle mit Rührteig herstellen. Grundrezept Seite 26, ½ Menge.
Die gebackenen Lämmle mit Puderzuckerglasur, Seite 37, überziehen und mit Kokosflocken bestreuen.

MENGE	für 2 aufklappbare Formen
BISKUIT	4 Eier
	100 g Zucker
	1 P. Vanillezucker
	abgeriebene Schale von
	½ Bio-Zitrone
	150 g Weizenmehl (Type 405)
	50 g Speisestärke
	100 g flüssige Butter
ZUM BESTÄUBEN	Puderzucker
°C	E-Herd 160–180 °C
	Gasherd 1–2
BACKZEIT	ca. 40–45 Minuten

MENGE	ca. 75 Stück
TEIG	250 g Butter oder Margarine 2 Eier 1 TL Salz 500 g Weizenmehl (Type 405) 25 g Frischhefe 2–3 EL lauwarme Milch ½ TL Zucker 250 g Hagelzucker
ZUM BESTREICHEN	1–2 Eigelb
°C	E-Herd 190–200 °C Gasherd 2–3
BACKZEIT	ca. 20–25 Minuten

Flachswickel oder -zöpfe

Flachswickel oder „Schneller" schenkten früher die Mädchen – mit einem roten Bändele versehen – als Zeichen ihrer Liebe den Burschen.

Die Butter schaumig rühren, Eier, Salz, Mehl und zuletzt die mit dem Zucker in lauwarmer Milch aufgelöste Hefe untermischen. Einen glatten Teig kneten und in der Wärme ca. 30–45 Min. gehen lassen. Aus dem aufgegangenen Teig eine Rolle formen, gleichmäßige Stücke abschneiden und auf Hagelzucker zu 15–20 cm langen Strängen formen. Im Hagelzucker drehen und spiralförmig zu Flachswickeln schlingen oder aus drei Strängen jeweils einen Zopf flechten. Auf dem gefetteten Backblech nochmals gehen lassen, mit Eigelb bestreichen und hell backen.

Variante
Vereinfachte Zubereitung: Teig wie beim Rezept für Hefebrezeln, Seite 206, verwenden.

Christstollen/Weihnachtsstollen

Früher, als die Familien noch größer waren und die Stollen nicht in Elektro- bzw. Gasherden gebacken wurden, wurde eine Teigmenge für 8–10 Stollen zubereitet. Bereits morgens um 5.00 Uhr begannen die Vorbereitungen für den Teig und es musste der „Vaddr" mithelfen, um die großen Mengen zu kneten, denn das war Schwerstarbeit.

MENGE	für 2 Stollen
TEIG	70–80 g Frischhefe oder 2½ P. Trockenbackhefe
	etwa ⅜ l lauwarme Milch
	1¼ kg Weizenmehl (Type 405)
	300–400 g Butter
	2–3 Eigelbe
	1 TL Salz
	200 g Zucker
	1 P. Vanillezucker
	125 g geschälte, feine Mandelstiftchen
	je 250 g Zibeben (Weinbeeren) und Sultaninen
	je 50 g in kleine Würfel geschnittenes Zitronat und Pomeranzenschale
	abgeriebene Schale von 1 Bio-Zitrone
	1 Msp. Zimt
	1 Prise Muskat
ZUM BESTREICHEN UND GUSS	50 g Butter
	2 Eiweiß
	40 g Zucker
	60 g geschälte Mandelblättchen oder -stiftchen
°C	E-Herd 180–200 °C Gasherd 2–3
BACKZEIT	zuerst 30 Minuten weitere 30–40 Minuten, Stäbchenprobe machen

Die Hefe in einem Teil der lauwarmen Milch auflösen, das Mehl auf ein Backbrett sieben, in der Mitte eine Vertiefung eindrücken und darin den Vorteig anrühren. Nach dem Aufgehen die zerlassene, lauwarme Butter, die verquirlten Eigelbe, das Salz, die restliche Milch und den Zucker sowie Vanillezucker untermischen und den Teig gut verkneten; die anderen zimmerwarmen Zutaten erst zufügen, wenn der Teig hoch aufgegangen ist (nach ca. 60 Min.). Dann längliche flache Brote formen, mit dem Wellholz in der Mitte eine tiefe Rille eindrücken und die eine Hälfte über die andere schlagen, so, dass das untere Teil etwa ein Drittel übersteht. Den Teig mit dem Wellholz andrücken. Nochmals gehen lassen (siehe Seite 23), am besten über Nacht, und dann mit zerlassener Butter bestreichen.

Zum Guss die Eiweiß steif schlagen, mit dem Zucker und den Mandeln leicht verrühren, die Stollen damit überziehen und bei guter Mittelhitze backen; nach der halben Backzeit ein Pergamentpapier oder Alufolie darüber decken, damit die Mandeln nicht zu rasch bräunen. Die Stäbchenprobe machen.

Variante

Fertig geformte Stollen auf gefettete Bleche legen und im vorgeheizten Backofen bei 180 °C bzw. Stufe 2–3 etwa 70–90 Min. backen. Die noch heißen Stollen mehrmals mit zerlassener Butter bepinseln und mit Sandzucker bestreuen.

Aufbewahren

Die abgekühlten Stollen in Pergamentpapier einwickeln und an einem kühlen Platz aufbewahren. In ca. 3–4 Wochen sind die Aromen gut durchgezogen. Meine Mutti hat sie auf den Schlafzimmerschrank gelegt, dort war es schön kühl

Tipp

Die Anschaffung einer Brotbackform lohnt sich auch für Stollen und Strudel, besonders, wenn der Teig weich ist. Damit der Teig auf dem Backblech nicht breit läuft, empfiehlt es sich, eine Manschette aus extra starker Alufolie um den Stollen zu legen (siehe dazu auch Seite 6).

1 · Den Stollenteig mit dem Wellholz breit drücken.
2 · Die eine Seite zu $1/3$ über die andere Seite legen.
3 · Den Teig mit dem Wellholz andrücken.

Hutzel-, Schnitz- oder Früchtebrot

Im „Schwäbischen Wörterbuch" von Hermann Fischer findet man zu Hutzeln und Schnitz folgende Erklärung: Hutzel ist ungeschnittenes gedörrtes Obst, besonders gedörrte Birnen, aber auch Zwetschgen. Die zerkleinerte Hutzel heißt „Schnitz" oder „Biraschnitz".
Ein Sprichwort sagt: „Wenn d' Bire zur Hutzel worde, hat mer lang dra".

MENGE	für ca. 6 Hutzelbrote à 600 g
TEIG	500 g getrocknete Birnenschnitze 500 g getrocknete Feigen 500 g getrocknete Zwetschgen 1 1/2 Würfel Frischhefe (60 g) oder 2 Päckchen Trockenbackhefe 1/4–1/2 l Schnitzbrühe 125 g Zucker 1 kg Weizenmehl je 1 TL Salz, Anis, Fenchel und Zimt 1 Prise gemahlene Nelken 250 g Sultaninen 100 g Zibeben (kleine Rosinen) je 200 g Walnuss-/Baumnusskerne und Haselnusskerne oder 400 g Mandeln je 50 g Zitronat und Orangeat 1/8 l Kirsch- oder Zwetschgenwasser
ZUR GLASUR	1/8 l Schnitzbrühe 1 EL Speisestärke 2–4 EL Zucker oder Puderzucker evtl. etwas Rum
ZUM VERZIEREN	Nusskerne Mandeln kandierte Früchte nach Belieben
°C	E-Herd 175–200 °C Gasherd 2–3
BACKZEIT	ca. 50–60 Minuten, Stäbchenprobe machen

Am Vorabend das Dörrobst (Birnen, Zwetschgen und Feigen, evtl. Datteln, entkernt) in Wasser einweichen. Am anderen Tag die Birnenschnitze in der Einweichbrühe nicht zu weich kochen. Mit der heißen Schnitzbrühe die entsteinten Zwetschgen und streifig geschnittenen Feigen übergießen, zugedeckt abkühlen lassen.

Inzwischen die Hefe in wenig lauwarmer Schnitzbrühe auflösen und aus Zucker, Mehl, Salz und Gewürzen nach Grundrezept einen festen Hefeteig, unter weiterer Zugabe von Schnitzbrühe, kneten (siehe Seite 22). Nach und nach die vorbereiteten Sultaninen, Zibeben, grob gehackten Nüsse, Zitronat und Orangeat (wer mehr Zitronat und Orangeat – je 200 g – verwenden möchte, lässt die Sultaninen einfach weg) und zuletzt die gut abgetropften, klein geschnittenen Früchte und das Kirsch- oder Zwetschgenwasser untermengen. Den Teig mit Mehl bestäuben und in der Wärme so lange gehen lassen, bis das Mehl Risse zeigt.

Dann aus dem Teig mit angefeuchteten Händen kleine Laibe formen, auf ein mit Mehl bestäubtes Brett setzen und einige Stunden ruhen lassen.

Evtl. mit etwas Schnitzbrühe bestreichen, die Oberfläche mit Nüssen, Mandeln und eventuell kandierten Früchten verzieren (etwas in die Oberfläche drücken) und jeweils zwei Laibe auf einem gut gefetteten Backblech auf der mittleren Schiene im vorgeheizten Backofen backen.

Oder den Teig in kleine, mit Fett ausgepinselte Kastenformen geben, die auf den Rost gestellt werden, und backen.
Evtl. eine Tasse Wasser mit in den Backofen stellen – dann werden die Schnitzbrote schön saftig.
Zur Glasur die Schnitzbrühe mit der kalt angerührten Speisestärke und dem Zucker aufkochen und gut verrühren.

Die noch warmen Schnitzbrote mit der Glasur überziehen.

Variante
Hutzelbrot mit Brotteig
Die halbe Menge Zutaten und ein Drittel Menge Brotteig (Roggenbrot, Seite 48) verwenden. Die vorbereiteten Früchte in den Brotteig einschlagen (die Füllung einrollen) und backen. Die Oberfläche einige Male mit einer Gabel einstechen und mit Schnitzbrühe oder verquirltem Eigelb bestreichen.

TIPPS
Früchtebrot bzw. Schnitzbrot bereits einige Wochen vor Weihnachten backen, so können sich die Aromen gut verbinden.
Zum Genießen in Scheiben schneiden und mit frischer Butter bestreichen.
Die Verwendung von Schnitzbrühe im Teig macht das Backwerk lockerer.

ANMERKUNG
Es gibt Gegenden, da wird das Hutzelbrot auch „Bierawecke" genannt. Die Hutzeln waren früher ein Nebenprodukt der Obsternte; nicht alles konnte frisch oder eingemacht verwendet werden. Hutzeln waren ein guter Wintervorrat. Ursprünglich waren Hutzeln nur getrocknete Birnen- und manchmal auch Apfelschnitze.
Im Voralpenland und in Österreich werden die Schnitz „Kletzen" genannt.

Einfaches Schnitz- oder Hutzelbrot

MENGE	für 2 große oder mehrere kleine Schnitzbrote
TEIG	600 g Roggenmehl (Type 1150) 150 g Weizenmehl (Type 1050) ca. 1 kg Hutzeln (getrocknete Birnen oder getrocknete Birnen und Trockenzwetschgen) 30 g Frischhefe ½ Menge Sauerteig, siehe Seite 25 Schnitzbrühe nach Bedarf
ZUM SÜSSEN UND WÜRZEN	80 g Zucker 1 TL Salz 1 EL Anissamen 1 Prise Nelken, gemahlen 1 TL Zimt
EVTL. ZUM VERZIEREN	Zuckerglasur, siehe Seite 37, oder warme Schnitzbrühe Puderzucker zum Überstäuben (nach Geschmack)
°C	E-Herd 200 °C Gasherd 2–3
BACKZEIT	ca. 50–60 Minuten
TIPP	Brote in Alufolie oder Pergamentpapier einschlagen und an einem kühlen Platz 2–4 Wochen durchziehen lassen, dann kann sich das Aroma gut entfalten.

Die Hutzeln sorgfältig vorbereiten, etwa 1 Std. einweichen und ohne Zwetschgen 30 Min. schwach strudelnd kochen; die Zwetschgen nach dem Einweichen nur entsteinen und etwas zerteilen (durch Kochen würden sie zu weich). Dann mit dem Sauerteig, der Hefe, ⅓ Mehl und ½ Tasse lauwarmer Schnitzbrühe einen Vorteig anrühren und einige Stunden (evtl. über Nacht) gehen lassen. Das übrige Mehl unter die abgetropften, zerkleinerten Schnitze und Zwetschgen mischen, Zucker, Salz, Anis und Gewürz zufügen, den Vorteig und, je nach bereits vorhandener Feuchtigkeit, noch so viel durchgesiebte Schnitzbrühe zugeben, dass der Teig gut durchgeknetet werden kann. Zwei oder mehrere kleine Brote formen; die weitere Zubereitung und das Backen erfolgt nach dem Früchtebrot-Rezept (siehe Seite 218).

Nach Belieben die abgekühlten Schnitzbrote mit Zuckerguss oder warmer Schnitzbrühe bestreichen oder mit Puderzucker überstäuben.

Variante
Die Schnitzbrote/Hutzelbrote rund formen, einige Nüsse und Mandeln in die Oberfläche drücken und backen wie oben.

Eduard Mörike lässt sein berühmtes „Stuttgarter Hutzelmännlein" bei Nacht den Schustergesellen Seppe besuchen, der sich anschickt, auf Wanderschaft zu gehen. Er schenkt ihm statt eines Wanderpfennigs zwei Paar Glücksschuhe und ein selbstgemachtes Hutzelbrot: „Auch hast du hier noch obendrein etwas zum Naschen, ein Laiblein Hutzelbrot. So viel du davon schneid'st, soviel wachst immer wieder nach im Ranzen oder Kasten, wenn du auch nur ein Ränftlein fingersbreit übrig behältst. Ganz sollst du's nie aufzehren, sonst ist es gar." Dort heißt es auch: „...statt der Suppe aß er gleich ein tüchtiges Stück Schnitzbrot in währendem Gehen. So etwas hatte er noch niemals über seinen Mund gebracht, wohl aber oft von seiner Großmutter gehört..." Und später: „Zu seinem Trost zog er sein Schnitzbrot aus dem Ranzen und fand dasselbe beinah' schon wieder rund und ganz gewachsen."

Aus „Das Stuttgarter Hutzelmännlein" von Eduard Mörike

Hefezopf, Rezept Seite 82

Rezeptverzeichnis

Albertle 181
Apfelkuchen
   gedeckt 106
   gestürzt 104
   mit glasierten
     Äpfeln 105
   mit Kartoffelguss 107
   mit Weinguss 107
   schwäbische Art 106
   vom Blech 94
Apfeltaschen 150
Arrakglasur 37
Ausstecherle 188
Auszogene 168

Bärentatzen 189
   Varianten 189
Beerenbrot
   vom Schorsch 50
Biskuit, einfach 30
Blätterteig 32
Blatz, süß, mit Träuble 98
Blechkuchen
   mit Johannisbeeren 98
Brandteig 33
Brandteigkräpfle 165
   aus dem Backofen 165
Brodspeise von Prunellen
(altes Rezept) 120
Brühteig 33
Bubaschenkele 169
Butterbrödle 193
Buttercreme
   mit Varianten 36
Buttergebäck 188
Butterkuchen 92
Butter-S 185

Christstollen 216

Dampfnudeln,
   aufgezogen 157
   Variante 157
Dätscher 65
Dätschet 65
Dünnröhrles-Kuchen
   (Dünnet) 66

Eiweißglasur 38

Fasnetsküchle
   aus Hefeteig 210
   Ulmer Art 211
   Wiener Art 210
Fastenbrezeln 207
Feuerreiter vom Blech 64
Flachswickel /
Flachszöpfe 214
Früchtebrot 218
Funkenring aus
   Ravensburg 204

Gelbe-Rüben-Torte
   mit Vollkornmehl 140
Glasuren, einfach 37
Gugelhopf 87

Hackteig 28
Hagebuttenmakronen 177
Hägenmakronen 177
Haselnussbrödle 192
Haselnusslebkuchen 197
Haselnussring 85
Haselnusstorte 135
Hefeblätterteig 33
Hefebrezeln 206
Hefekranz 81
Hefeteig für
   Blechkuchen 22
Hefeteig für Blatz,
   Feuerreiter 24
Hefeteig,
   Grundrezept I 22
Hefeteig, leicht, II 24
Hefewaffeln 153
Hefe-Wespennester 144
Hefezopf 82
Helenenschnitten 190
Himbeerkuchen
   mit Weinguss 110
   Variante 110
Hirschhörnle 167
   Variante 167
Holdersträuble 172
Hollerküchle 172

Honiglebkuchen 196
Horaffen
   aus Crailsheim 205
Hutzelbrot 218
   einfach 220
   mit Brotteig 219

Johannisbeertorte
   mit Baiserguss 132

Kartoffelkuchen 67
   mit Ei-Rahm-Guss 67
   süß 100
Käsekuchen 122
   mit Rumrosinen 123
Käsfladen, Allgäuer Art 75
Kirschkuchen
   mit Grieß 111
   mit Schokolade 112
   mit Schwarzbrot 113
Kleiebrödle 194
Knetteig 28
Kokosmakronen 176
König-Wilhelm-Torte 139
Kräpfle, gefüllt 211
Krautblatz 70
Krawatte (Schwäbischer
   Kaffeekuchen) 80
Kümmelbrot
   mit Vollkornmehl 45
   ohne Rinde 45
Kümmelwecken 57

Landbrot
   mit Kartoffeln 44
Lauchkuchen 73
Laugenbrezeln 59
Läuterzuckerglasur 39
Luisenbrödle 180

Mandelbiskuit 31
Mandelbrödle 193
Mandel-Buttercreme 36
Mandeltorte, weiß 134
Marmorkuchen 89
Memminger Brot 52
Mirabellenkuchen 116

Mostsößle
   zum Pfitzauf 156
Mürbeteig I 28
Mürbeteig II 29
Mürbeteig, salzig 29
Mutschel
   aus Reutlingen 203
   Variante 203
Mutscheltorte 141

Natrongugelhopf 88
Neujahrsbrezel 202
Nonnefürzle 170
Nonnekräpfle 170
Nussbrot 51
Nussbrot, Variante 51
Nuss-Buttercreme 36
Nusshörnle 147

Ofenschlupfer
   mit Äpfeln 160
   Variante 160
Öhrle (Fasnetsküchle) 211
Orangenglasur 37
Osterlämmle 213

Palmbrezeln 212
Paulinentorte 138
   Variante 138
Pfannebeischt
   aus Aalen 168
Pfitzauf 156
Pfitzauf, Varianten 156
Pilzpastete 77
Plunderteig 33
Puderzuckerglasur 37
Punsch-Buttercreme 36

Quittenbrot 198
Quittenspeck 198
Quittentorte 129

Rahmblatz 74
Rahmkuchen 99
Rahmstrudel
   mit Quark 86
Rhabarberkuchen 116

Rhabarbertorte		Schnitzbrot, einfach	220	**T**errassenbrödle	187	Weinbeißer	195
mit Baisergitter	128	Schokoladen-		Träublestorte		Wespennester	
Variante	128	Buttercreme	36	mit Baiserguss	132	(Kleingebäck)	177
Rodonkuchen	87	Schokoladenglasur	38			Wibele	178
Roggenbrot		Schokoladen-		**U**lmerbrod,			
mit Sauerteig und		muscheln	189	altes Rezept	54	**Z**edernbrödle	189
Hefe	48	Schrotbrot mit Kernen	49	Ulmer Brot		Variante	189
Varianten	48	Schwabenbrödle	167	mit Varianten	53	Zimtkuchen	92
Rosinenbrödle	179	Schwäbischer Bund		Ulmer Zuckerbrot	53	Zimtsterne	191
Rührteig, hell	26	(Rührkuchen)	83			Zimtwaffeln	152
Rührteig		Seelen	58	**V**anillebrödle	179	Zitronenglasur	37
mit Vollkornmehl	27	Speckbrot vom Georg	44	Variante	179	Zuckerglasur	38
Rührteig, dunkel	27	Speckkuchen		Vanille-Buttercreme	36	Zuckerglasur, rot	38
Rumglasur	37	mit Ei-Rahm-Guss	71	Vanilleglasur	37	Zweifelstricke,	
		mit Weckteig	71	Vollkornwecken	56	altes Rezept	147
Salbeiküchle	171	Schwarzwälder Art	73	Vollkornwecken		gefüllt	146
Salbeimäusle	171	Spitzbuben	186	gefüllt	56	Zwetschgendatsche	95
Salzkuchen	66	Sprengerle/Springerle	184	Varianten	56	mit Streuseln	95
Sauerkrautblatz	70	Spritzgebäck	185			Zwetschgenkuchen	
Sauerteig	25	Stachelbeerkuchen	117	**W**alnussbrödle	192	mit Guss	121
Scherben	166	Stachelbeertorte	127	Variante	192	Variante	121
Schillerlocken	151	Streuselkuchen	93	Wecken, genetzt	57	Zwiebelkuchen	72
Schinkenpastete	76	gefüllt	93	Wecken, mürbe	57		
Schneckennudeln	145	Strohhütle	192	Weichselkirschtorte	133		
Schneeballen	164	Strudelring	84	Weihnachtsstollen	216		
Schnitzbrot	218						

Safranbriefchen

Stichwortverzeichnis

Abtropfen von Quark/
   Schichtkäse 99
Abkühlen 6
Aluminiumfolie 6
   -manschette 23, 95
Anis 13
Aufbewahren
   Brot 43
   Hutzelbrot 6, 220
   Kleingebäck 6, 186, 187
   Obstkuchen 6
   Rührkuchen 6
   Stollen 217
   Torten 6
Ausrollen/Auswellen 6

Backaroma 13
Backautomatik 7
Backen mit Vollkorn 7
Backformen
   und Zubehör 7, 8
Backnatron 18
Backoblaten 13
Backöl 13
Backofen 8
Backpulver 18
Backtrennpapier 8
Backwachs 178
Baiser überbacken 132
Beischt/Bausch 168
Blindbacken 9
Brandteiggebäck
   aufschneiden 33
Brotbackform 7, 217
Butter 13

Dampfabzug 95
Dämpfle/Vorteig 22, 23
Dätscher 65
Datteln 13

Eier 13
Einfetten 9
Einfrieren 9
Eischnee 13
Einschubhöhe 9
Einschubhöhe für
   Blechkuchen 95
Einschubhöhe für
   süße Stückle 144
Einschubhöhe für Obst-
   und Käsekuchen 104
Einschubhöhe für
   Torten siehe Rezepte
Energie 9
Eis (Zuckerglasur) 147

Faden kochen (Zucker) 83
Farinzucker 14
Feigen 14
Fenchel 14
Fett 14
Flüssigkeit(szugabe) 14
Frisch halten 9
Führung, kalte 45

Garprobe/Stäbchen-
   probe 10, 43, 95
Gebäck bleibt sitzen 23
Gewürze 14
Glasieren 10
Glasur 10
Glasur-Tipps 38, 39
Grieben 67
Guss 10

Haselnüsse rösten 135
Haselnusskerne 14
Hefe 15, 18
Hefel 45
Honig 15
Hirschhornsalz 18

Kakaopulver 15
Kanthölzer
   für Springerle 184
Kardamom 15
Klopftest für Brot 43
Kokosflocken 15
Koriander 15
Krokant 15

Kuvertüre (schmelzen,
   Tipps etc.) 15, 36

Läuterzucker 39

Mandeln 16
   abziehen 16
Margarine 16
Mehlprodukte 194
Mehl trocknen 184
Mehltypen 16, 43
Mengenangaben für
   Kleingebäck 176
Mutschelmehl/
   Geigamehl 16, 141

Nelken (Gewürz) 16
Nüsse 16

Öl 16
Orangeat 17

Pfefferkuchen 197
Pfitzaufform 156
Pottasche 19
Prunellen 121

Quark/
   Luckeleskäs (Topfen) 17
Quittenspeck färben 198

Rahm/Sahne 17
Resteverwertung 10, 59, 81
Rohmarzipan 17
Rondellen (runde
   Teigscheiben) 210
Rosenwasser 53, 54, 170
Rosinen 17
Rühren 10
Rum 17

Safran 17
Salz 18
Salzzugabe 18
Sauerteig 19, 25, 44 f
Sauerteig verlängern 25

Schlagen (Teig) 10
Schlehen 121
Schneeballen/Schnee-Eier/
   Iles flottantes 164
Schnitzbrühe,
   Verwendung 219
Schokolade
   zum Backen 18
Schokolade reiben 133
Schwaden geben 10
Semmelbrösel und
   Weckmehl 18
Speisestärke/
   Stärkepuder 18
Spritzen (Teig) 11
Spritzsack 11, 135, 139, 185
Stäbchenprobe 10, 43, 95
Stückzahl
   (Blechkuchen) 92
   (Torte) 126
Stürzen 12

Teigreste, Verwertung 81
Temperaturen (Elektro-,
   Umluft-, Gasherd) 11
Tortenboden 12, 126
Torten, Durchteilen 126
Torten, Füllen 126
Tortenring 126
Torten, Tipps für 126
Touren 12
Trockenbackhefe 18

Vanille 19
Verzierungen 12, 126
Vorheizen 12

Wal-/Baumnüsse 19
Weinstein (Backpulver) 19

Zimt (Sorten,
   Qualität) 19, 191
Zitronat 19
Zitrusfrüchte 19
Zubehör 12
Zucker 19, 83

Quellennachweis

"Des Schwaben Klugheit" (Seite 60) aus Manfred Rommel: Manfred Rommels gesammelte Gedichte, © 2001, Deutsche Verlags-Anstalt, München, in der Verlagsgruppe Random House GmbH.

"Wanns Grischdag wird" (Seite 188) aus Helmut Pfisterer: Festvers. Schwäbisches zu besonderen Anlässen, © Silberburg-Verlag, Tübingen.

"Laßt uns nach Schwaben entfliehn" (Seite 52) aus Johann Wolfgang v. Goethe: Reineke Fuchs, 6. Gesang.

"Ulmerbrod" (Seite 54), *"Brodspeise von Prunellen"* (Seite 120) und *"Zweifelstricke"* (Seite 147) aus Friederike J. Löffler: Oeconomisches Handbuch für Frauenzimmer, J. F. Steinkopf, Stuttgart, 1817.

"Sprengerla" (Seite 182) aus Richard Stöckle: Om Weihnachta rom, Konrad Theiss Verlag, Stuttgart, 1982.

"Hutzelbrot" (Seite 221) aus Eduard Mörike: Das Stuttgarter Hutzelmännlein, Walter Hädecke Verlag, Stuttgart, 1922.

Kiehnle-Rezepte (diverse) aus Kiehnle, Hermine / Graff, Monika: Kiehnle Kochbuch, verschiedene Ausgaben, Hädecke Verlag, seit 1921.

Literatur

Bauerle, Heidi: Ofenschlupfer und Moschtköpf, Hädecke Verlag, 1993

Fischer, Hermann / Pfleiderer, Wilhelm: Das schwäbische Wörterbuch, Laupp Verlag, Tübingen, 1904–1936

Fischer, Hermann / Pfleiderer, Wilhelm: Schwäbisches Handwörterbuch, Verlag Mohr Siebeck, Tübingen, 1999

Graff, Monika: Das große Backbuch in Farbe, Hädecke Verlag, 1978

Helm, Eva Marie: Hasenöhrl und Kirmesfladen, BLV-Verlagsgesellschaft mbH, München, 1984

Kallenberg, Dorothea: Was d'r Schwob ißt, DRW Verlag, Stuttgart, 1986

Ruoß, Siegfried: Brödle, Blatz und Bauernbrot, Theiss Verlag, 2001

Schäfer, Luise: Neues Kochbuch für die bürgerliche und feine Küche, Franck'sche Verlagshandlung, Stuttgart, ca. 1900

Scharfenberg, Horst: Aus Deutschlands Küchen, Hädecke Verlag, 2004

Stuttgarter Kochkolleg / Josef Thaller: Die neue schwäbische Küche, Hädecke Verlag, 1984

Stuttgarter Kochkolleg / Josef Thaller: Das schwäbische Vesper, Hädecke Verlag, 1985

Wetzel, Hans: Schwäbische Weihnacht, DVA, Stuttgart, 1995

Danksagung

Damit dieses Buch entstehen konnte, haben mich viele Helferinnen und Helfer mit kompetentem Rat und tatkräftigem Probebacken unterstützt. Mein besonderer Dank gilt:

Margot und Dieter Adrion für die kenntnisreiche Recherche und Literaturauswahl,
Georg Barta vom „Gasthaus zum Ochsen" in Sternenfels-Diefenbach (Stromberg) für die Mithilfe bei der Auswahl authentischer Brotrezepte, für die er zusammen mit Bäckermeister *Gerhard Eichinger* aus Reichenbach im Täle kompetente Tipps gab und die er im „Backhäusle" auf traditionelle Art gebacken hat. Die Fotos im Kapitel „Brote, Weckle und Brezeln" dokumentieren die Freude am Backen,
Grete Friedrich, die uns wertvolle Hinweise zu den Verwandtschaftsverhältnissen im Württemberger Herrscherhaus gab,
Edeltraud Heil und *Regina Lilienfein* fürs Ausprobieren und für viele praktische Vorschläge zur Verbesserung der Rezepte,
Marianne Jäger, meiner Schwester, die hervorragende Kuchen und Gutsle bäckt und mit sicherem Blick auf Flohmärkten im Allgäu die schönsten Brotteller entdeckt, deren Bilder die ersten und die letzten Seiten dieses Buches schmücken
und *Eberhard Rapp,* dessen Korrekturen und Ergänzungen zum Gelingen meines Back-Werks beigetragen haben.

Weil der Stadt, im Sommer 2010
Monika Graff

Selbst gebacken schmeckt's am besten

Sonja Roost-Weideli
Backen mit Olivenöl
Süß und pikant

ISBN 978-3-7750-0451-0
93 Seiten, 30 Farbfotos

Marianna Buser
Brot und Brötchen selber backen
mit Rezepten für den Brotbackautomaten

ISBN 978-3-7750-0491-6
97 Seiten, 35 Farbfotos

Frisch & knusprig: Mehr Aroma, weniger Kalorien: Gesunder Genuss mit einer Prise südlicher Lebensfreude. Die erweiterte Neuauflage des erfolgreichen Buches bietet viele süße und pikante Backrezepte mit Olivenöl.

Abwechslungsreiche Rezeptideen für die hauseigene Backstube: Selbst gebacken, knusprig frisch, unwiderstehlich gut und gesund! Mit Brot-ABC, Angaben für den Brotbackautomaten und vielen Rezepten – vom Knäckebrot zum Maisbrot, vom Kleie- bis zum Rosinenbrötchen!

Karl Neef
Sonntagskuchen & Festtagstorten
Konditorrezepte zum Selbermachen

ISBN 978-3-7750-0482-4
173 Seiten, über 400 Fotos

Monika Graff (Hrsg.)
Vollwert – Plätzchen & Konfekt

ISBN 978-3-7750-0572-2
72 Seiten, 19 Farbfotos

Konditorrezepte von klassisch bis exotisch für die Sonn- und Festtage des Jahres. Genaue Erklärungen und Tipps des Profis sichern ein gutes Gelingen, auch für Backanfänger. Die Schritt-für-Schritt-Fotos zeigen exakt, wie alles geht – vom Grundrezept bis zum fertigen Ergebnis.

Süß, vollwertig & lecker: Endlich wieder ein Vollwertbackbuch für alle! Mit attraktiven Rezepten für das ganze Jahr und dem richtigen Lieblingsplätzchen oder -konfekt für jeden!
Eine kleine Warenkunde erleichtert den Einstieg, Tricks und Tipps sorgen für gutes Gelingen.

Bücher für Genießer

Horst Scharfenberg
Aus Deutschlands Küchen

ISBN 978-3-7750-0415-7
775 Seiten

Quer durch Deutschland: Von Schleswig-Holstein nach Bayern, vom Saarland bis nach Sachsen-Anhalt und Thüringen werden Originalrezepte aus allen Regionen Deutschlands vorgestellt. Jede hat ihre eigenen Gewohnheiten und Spezialitäten entwickelt, hier findet man sie alle!

Monica Cacciatore
Feuerbohnen & Kichererbsen
Hülsenfrüchte – International: Warenkunde und Rezepte

ISBN 978-3-7750-0523-4
168 Seiten, 71 Farbfotos

Aus aller Welt: Wer bei Hülsenfrüchten bisher nur an Linseneintopf und Erbsensuppe dachte, bekommt hier eine Fülle spannender Rezepte mit Hülsenfrüchten von der Vorspeise bis zum Dessert. Mit ausführlicher Warenkunde.

Kiehnle Kochbuch
Das große Grundkochbuch mit rund 2.400 Rezepten

ISBN 978-3-7750-0580-7
710 Seiten, 300 Farbfotos

Ob Single- oder Familienhaushalt: Das aktualisierte Grundkochbuch mit über 2400 Rezepten und vielen Tipps ist ein Küchenklassiker, der seit über 90 Jahren auf alle Koch- und Backfragen verlässlich Antwort gibt. Neben klassischen und bewährten Originalrezepten bietet es Deutsches und Internationales. Hier findet sich alles: vom Eierkochen bis zum Festtagsmenü! Kapitel zu gesunder Ernährung, Weinauswahl, zum passenden Gedeck usw. helfen, Unsicherheiten zu beseitigen.

Hermine Kiehnle und Monika Graff
Original Schwäbisch – The Best of Swabian Food

ISBN 978-3-7750-0386-5
77 Seiten, 23 Fotos

Von Spätzle, Wargele und Flädle: Gästen aus aller Welt und den ausgewanderten Schwaben jenseits des großen Wassers bringt das Buch auch in englischer Sprache die Tradition echt schwäbischen Genießens näher, die Originalrezepte verraten alles, was Freunde von Trollinger und Zwiebelrostbraten an Information benötigen, um die Spezialitäten und ihre Lieblingsgerichte auch zuhause auf den Tisch zu bringen.

Raum für Notizen

Raum für Notizen